J&V

DEIX

Mein Tagebuch
1983 – 1986

Jugend und Volk
Wien und München

Umschlaggestaltung: Bruno Wegscheider

ISBN 3-224-16099-3 Jugend und Volk Wien

Foto Seite 2: Gerhard Bartl
Foto Seite 295: Renate Helnwein

Gesamtherstellung: Carl Ueberreuter Druckerei Ges.m.b.H., 2100 Korneuburg

Dr. Fred Sinowatz, Altbundeskanzler, SPÖ:

„Ich sammle Deix-Karikaturen, die in ihrer Drastik, in ihrer Bestimmtheit, in ihrem starken Ausdruck von einer besonderen Qualität sind.“

Dr. Alois Mock, ÖVP

„Ich muß sagen, wenn ich mich z. B. über ein Regierungsmitglied ärgere, dann stell' ich mir vor, wie der bei Deix aussieht und ich bin gleich wieder gut aufgelegt.“

Dr. Norbert Steger, FPÖ:

„Er ist sehr scharf, ein scharfer Karikaturist, aber wahnsinnig treffend. Spitz, hart, treffend.“

Dr. Bruno Kreisky, Altbundeskanzler, SPÖ:

„Seine Karikaturen sind so deutlich, daß sie jeder versteht, und er macht die Leute so häßlich, daß viele von ihnen sich mit ihrer Häßlichkeit versöhnen. Manchmal verschönert er seine Opfer. Dazu gehöre ich.“

Papst Johannes Paul II. trainiert bereits eifrig den Bodenkuß für seinen bevorstehenden Österreichbesuch.

Manfred Deix

1983
Österreich erwartet den Papst
Eine Bestandsaufnahme knapp vor dem großen Ereignis
ES GIBT SEIT WOCHEN KEIN ANDERES THEMA ALS DEN BEVORSTEHENDEN PAPSTBESUCH.
MUTTI! MUTTI! IST DAS DER PAPST?
JE NÄHER DER GROSSE TAG RÜCKT, UMSO MEHR STEIGT DIE VORFREUDE – ABER AUCH DIE NERVOSITÄT.
WAS ZIEHE ICH NUR AN, UM GOTTES CHRISTI WILLEN – WAS ZIEHE ICH NUR AN?!?
EIN ANGEKÜNDIGTES REFERAT VON FRAU DOHNAL ZUM THEMA „FRAU UND KIRCHE" SORGT FÜR VIEL AUFREGUNG UND HEISSE DISKUSSIONEN.
SIND WIR ETWA KEINE FRAUEN?!?
WAS HEISST HIER „MÄNNERKIRCHE"?!? ICH HABE ES IMMERHIN BIS ZUR ÄBTISSIN GEBRACHT!

DAS VON DEN JUNGSOZIALISTEN GEPLANTE „ANTI-PAPST-FEST" WERDE DEM RUF ÖSTERREICHS AUF DER GANZEN WELT GRÖSSTEN SCHADEN ZUFÜGEN, BEFÜRCHTEN KATHOLISCHE KREISE – UND SIE HABEN NICHT UNRECHT DAMIT.
JETZT HÖR' DIR EINMAL DAS AN, NANUK: „ÖSTERREICH: WIENER JUSOS PLANEN EIN ANTI-PAPST-FEST!" ALSO HAT MAN DA NOCH WORTE?!?
EINE SCHANDE IST DAS!!
PFUI TEUFEL!! WAS IST NUR IN DIESE ÖSTERREICHER GEFAHREN?
ÖSTERREICHS HOSTIENHERSTELLER HABEN HOCHKONJUNKTUR.
Stellenangebote
TÜCHTIGE HOSTIENBÄCKER werden ab sofort aufgenommen. Wir bieten göttliches Betriebsklima, christliche Bezahlung und weltliche Arbeitszeiten. Bewerbungen an: Fa. SCHAGERL, Hostien- u. Bierstangerlfabrik 1160 Wien, Guggigasse 8-10
Führender Hostienhersteller vergibt Ferialjobs an fleißige Ministranten. Tel. 88-99-00
HOSTIENSTANZER dringend gesucht! Zahlen Höchstpreis! HOSTIEN-HEINZ, 1020 Wien
Tel. 20 30 40
ABER AUCH UNSERIÖSE ELEMENTE ERHOFFEN SICH BEREITS DAS GROSSE GESCHÄFT.
Verschiedenes
NOCH SCHNELL BEICHTEN, BEVOR DER PAPST KOMMT!!!!!!!! Toleranter Beichtvater, 35, vergibt Sünden aller Art, auch Todsünden. Geringes Bußgeld. Tel. 95-94-93
AUSSEN HUI, INNEN PFUI? Der Papst sieht alles! Theologiestudent hilft bei Gewissenserforschung, billigst. Tel. 55-54-53
HALLO, SÜNDER! Der Papst kommt!!! Beichten Sie bei strenger Nonne,
DAS „PAPASCOP" DER KRONENZEITUNG IST EIN VOLLER ERFOLG UND WIRD SCHON FLEISSIG GETESTET.
MEINS FUNKTIONIERT PRIMA! DEINS AA?
JO! EINMOLIG!

*In der Wiener-UNO City herrscht alles andere als Frieden:
politische Querelen, Rassendiskriminierung
und Sexskandale gehören zum Alltag.*

Der Abschuß eines südkoreanischen Jumbojets über sowjetischem Territorium beweist laut US-Vizepräsident George Bush wieder einmal den wahren Charakter des Iwan.

RUSSKI BUMMBUMM--VIEL TOURIST KAPUTT! HAHAHAHAHA!!
KULTURA NIX GUT! EUROPA NIX GUT! FRAU VERGEWALTIGEN SERR GUT!!
PSST! WESTLICH FRIEDENSBEWEGUNG DUMM! NÜTZLICH IDIOT NIX WISSEN, HEHEHEHE!
WOD
-Deix-

Alkoholismus – die Geissel Russlands

MOSKAU, 26. Dezember (AFP). Die Trunksucht in ihrem Lande ist für eine Gruppe sowjetischer Wissenschaftler die „größte Tragödie seiner tausendjährigen Geschichte“, mit der verglichen „alles Palavern über amerikanische Pershing-Raketen und internationale Spannung müßig ist“. Jedes sechste Neugeborene sei geistesschwach oder mit einer Erbkrankheit behaftet, heißt es in dem alarmierndsten Dokument, das bisher über Alkoholismus in der UdSSR bekannt wurde.“

Soweit die Frankfurter Rundschau. – Frage: Welche Sowjetbürger trinken am meisten – und was sind ihre Beweggründe?

Hausfrauen, die von den Mißständen des kommunistischen Wirtschaftssystems tagtäglich betroffen sind

Modebewußte Jugendliche, die statt westlicher Bluejeans mit heimischen Produkten vorliebnehmen müssen

Ehepaare, deren eintönige Ehen scheitern, weil es Versorgungsengpässe bei phantasievoller Unterwäsche gibt

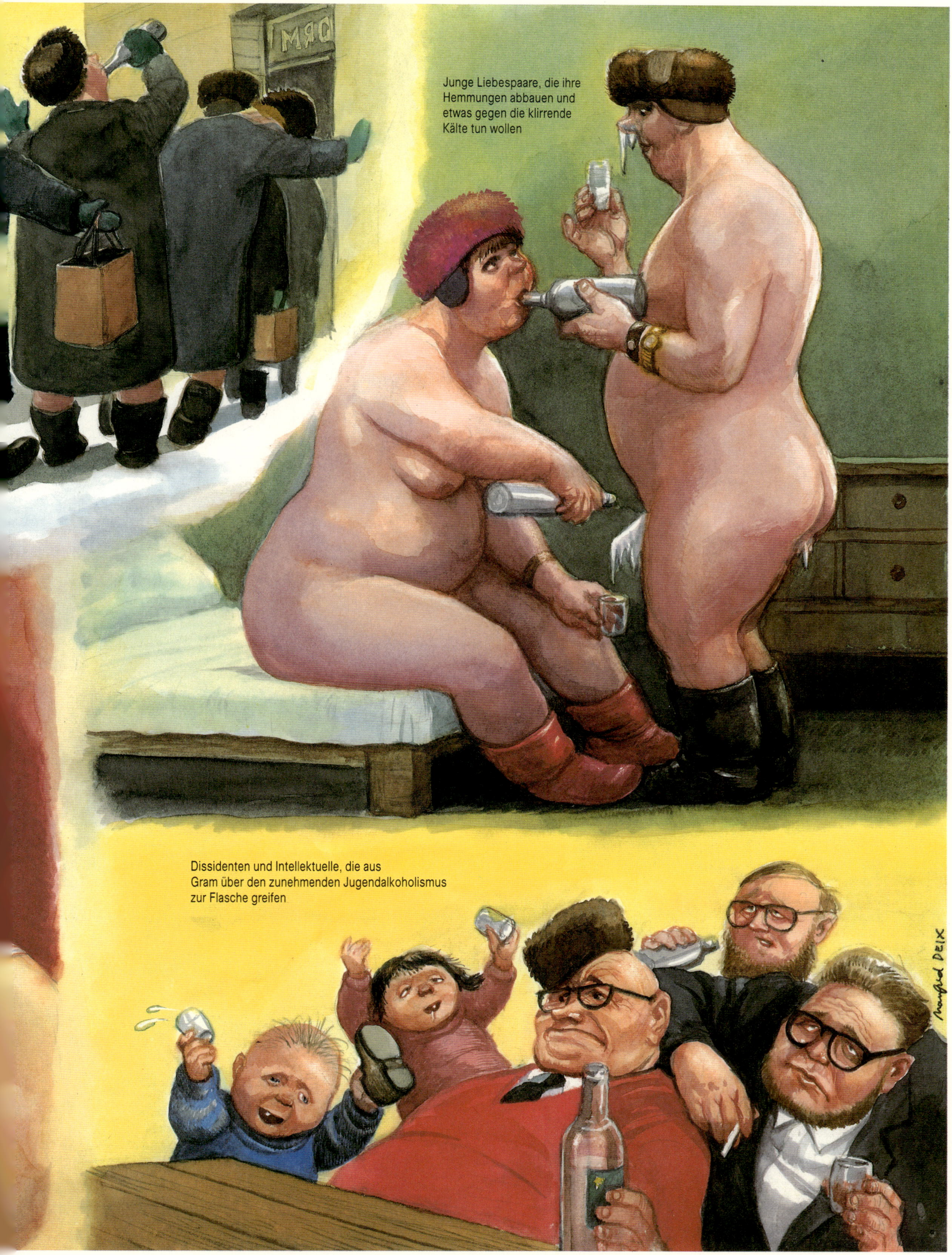

Junge Liebespaare, die ihre Hemmungen abbauen und etwas gegen die klirrende Kälte tun wollen

Dissidenten und Intellektuelle, die aus Gram über den zunehmenden Jugendalkoholismus zur Flasche greifen

Der Staatshandelsverband der UdSSR wehrt sich seit Jahren gegen plumpe westliche Wodkanachahmungen.

SPUTNIK
VODKA
DAWAI
VODKA
ROGOSH
VODK
Ivan Rebroff
VODKA
ECHTER RUSSENTRUNK
nach Originalrezept MOSKAUER RÄUSCHL
FEIN
WIE DIE
RUSSISCHE
WODKA
NIKITA

Hierzulande wehrt sich der Staat wieder einmal erfolglos gegen Schwarzarbeit. Sie ist nach wie vor eine beliebte Einnahmequelle und ist nicht auszurotten.

Pfusch

Das Ansehen der Politiker sinkt ständig.
Dubiose finanzielle Transaktionen innerhalb
der Niederösterreichischen ÖVP lassen Landeshauptmann Ludwig
und seinen Haberer nicht gerade seriös erscheinen.

Das Image der Politiker...
...AM BEISPIEL NIEDERÖSTERREICH
Spitze!! Morgn um zehn soll i mi vorstellen kommen bei der ÖVP Niederösterreich!!
KARLI!!!
Da laßt man seinen Sohn die Matura machen – und wo landet er?? Auf der schiefen Bahn!!
Schaun's, Lechner-Mutter, der Herr Landeshauptmann möcht' Ihnen auch zum 95er gratulier'n!
MARANTJOSEF – oba den Geschenkskorb trau' i mi net nehma – wer woass, wo er den her hot!
Gegn den Ludwig-Sigi und den Zimper-Wäudl san mir Waisenkinder!
Des kaunst laut sogn!
Olle Ochtung!
-Deix-

Die neue Tausendschillingbanknote ist von atemberaubender Häßlichkeit und läßt für künftige Banknoten nichts Gutes ahnen.

Hier sollte der neue Tausender in seiner ganzen Abscheulichkeit abgedruckt werden. Ein äußerst sinniges Gesetz und die Oesterreichische Nationalbank haben dies jedoch verhindert, vermutlich um potentielle Betrüger gar nicht erst in Versuchung zu führen.

Ing. WOLFGANG SCHWED, Erfinder der Buchstabensuppe

HORST PIWONKA, Entdecker der Faustwatsche

WERNER HUPFAUF, Erfinder der Glockenhose

FPÖ-Verteidigungsminister Frischenschlager zeigt guten Willen und veranlaßt eine Angelobungsfeier junger Soldaten ausgerechnet im ehemaligen KZ Mauthausen. Die Reaktion der FPÖ-Basis fällt dementsprechend aus.

Erst als FPÖ-Justizminister Ofner die „G'sunde Watschen" als empfehlenswerte Erziehungsmaßnahme verteidigt, ist für die beunruhigte Parteibasis die Welt wieder in Ordnung.

DIE G'SUNDE TACHTEL
Jedem Menschen kann amal die Hand auskommen, net wahr?
DIE G'SUNDE WATSCHN
Du weißt gar net, wie g'sund sowas is'!
DIE G'SUNDE KOPFNUSS
Als Vater tut's einem noch VIEL MEHR weh, wann ma dem eigenen Fleisch und Blut eine prackn muss, glaube mir!
DAS G'SUNDE KOPFSTÜCK
Merk'dir: Was einen nicht umhaut, macht einen nur noch stärker!
DIE G'SUNDE FLAK
I bin meinem Vater heut' noch dankbar für jede Flak, die i kriegt hob'!
DIE G'SUNDE FAUSTWATSCHN, DAS G'SUNDE HAAREREISSEN, DER GESUNDE TRITT, ETC...
Das ist und bleibt das beste Hausmittel gegen Bettnässen, weißt?

Liebe in der Familie

Was die Kriminalstatistik schlicht als „Zunahme von Sexualdelikten im familiären Bereich“ vermerkt, heißt im Klartext: Immer mehr Väter vergehen sich an ihren Töchtern, immer mehr Mütter an ihren Söhnen, immer mehr Brüder an ihren Schwestern – und umgekehrt.

Erschreckend daran ist nicht nur die rasant ansteigende Zahl der aktenkundigen Fälle – die Dunkelziffer liegt um ein Vielfaches höher.

Mindestens ebenso erschreckend ist, daß interfamiliäre Sexualkontakte mittlerweile in allen sozialen Schichten zur Selbstverständlichkeit geworden sind – wobei das Alter der Beteiligten keine Rolle spielt. Die folgenden acht Beispiele zeigen Praktiken und Auswüchse jener Zeiterscheinung, deren Ungeist hoffentlich ebenso schnell aus unseren Familien verschwinden wird, wie er gekommen ist.

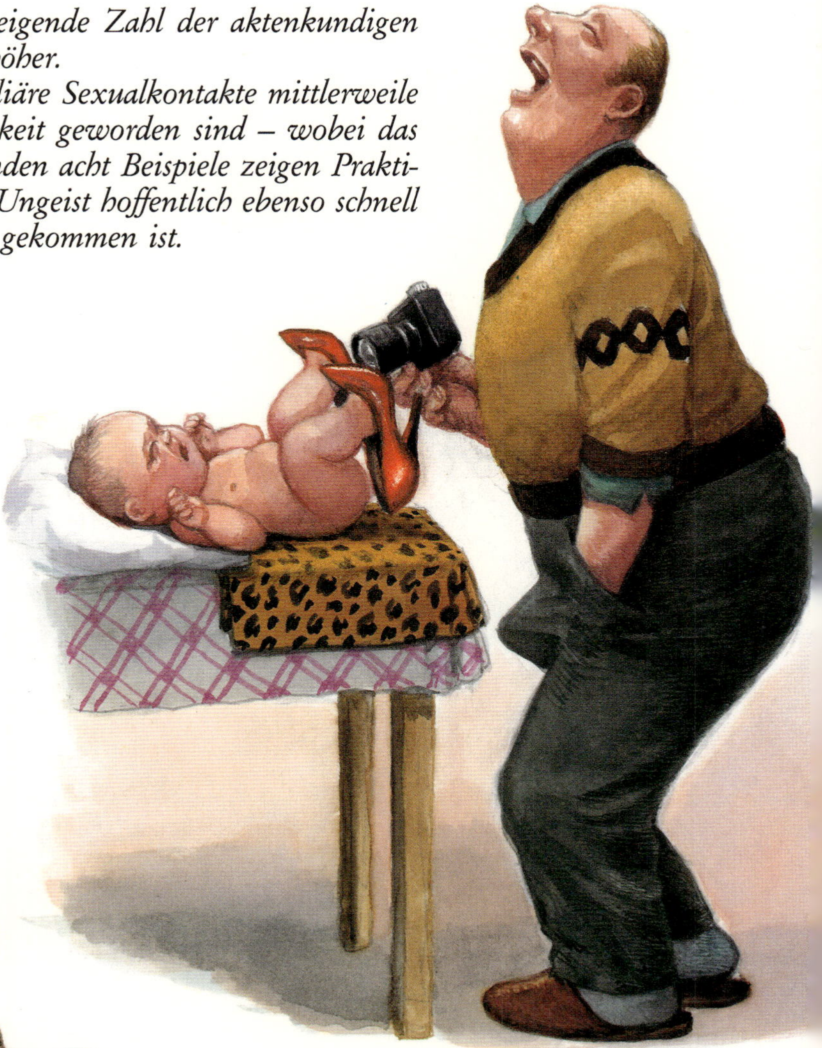

Hans R.,
„Vater aus Leidenschaft“
(O-Ton Hans R.)

Ein Fall von vielen:
Die Geschwister H.

Herr F. zeigt seinem
Vater seine neuesten
Polaroid-Intimfotos

ıns und Joachim S.,
neiige Zwillinge)
ielen „Häuptling
d Squaw“

Familie K.: Mutters Peep-Show im engsten Familienkreis

Sabine's Onkel versucht den Flaschen-Trick

Thomas, 7: „Bei Oma macht Fernsehen am meisten Spaß!“

Der väterliche Gute-Nacht-Kuß 1984

Gärt es in den Familien?
Es vergeht keine Woche, ohne daß nicht irgend jemand
aus nichtigem Anlaß seine halbe Familie ausrottet.

I hob' euch jo immer gewarnt:
Wann i wos net leidn kann,
dann a LAUWARME
LEBERKNÖDLSU...
Liebe geht durch den magen

Im Kino läuft „Carmen".
Seither sind unsere Frauen wie ausgewechselt.

SIE, SEIT ICH STRAPSE UND MINI TRAG, FÜHL ICH MICH WIE A NEUE FRAU!
DIE ALICE SCHWARZER TRAGT SOGAR LACKSTIEFEL, HAB' ICH G'LESN!
ZUM FIORUCCI MÜSSEN'S AMAL GEHN! DA KRIEGNS TIEFDEKOLLETIERTE SACHEN!
„Profil" fragte letzte Woche: 'KOMMT DIE NEUE SINNLICHE FRAU? Die Antwort: NA FREILICH! – Der Trend zu Straps und Federboa ist nicht zu übersehen. —

Dem neuen Selbstverständnis der Frauen stehen die Männer einigermaßen ratlos gegenüber.

...DANN HAT SIE GSAGT: BRAUCHST GAR NIMMER HEIMKOMMEN VON DEIN' MÄNNER-VEREIN!
GENAU WIE DIE MEINIGE!
GENAU! MEINIGE AUCH!
BITTE NICHT, LIEBLING -- DU WEISST, ES GEHT HEUTE LEIDER NICHT!
VERFLIXT UND ZUGENÄHT!!

WIE HEISST ES DOCH SO SCHÖN: „WER SUCHET, DER FINDET!" ALSO DANN „IN MEDIAS RES", NICHT WAHR!
I SOG' DA WOS: DE OIDE HOD AN G-PUNKT— —SO GROSS WIA A BIERDECKL!!
A WAHNSINN! DES IS JO KA PUNKT MEHR!!
JO HIMMIKRUZITÜRKN NO AMOI!! WANN I DEN NET BOID FIND', DANN HAU I OBA ECHT DEN HUAD DRAUF!!
Papst Joh. Paul II: „Der G-Punkt ist ja wohl das Allerletzte!"
NA, HERR NOCHBAR, HAMMA DEN G-PUNKT VON DA FRAU GEMAHLIN SCHO G'FUNDEN?
JO FREILICH! ÜBERMORGN IS'S GENAU DREI WOCHN HER!

DEUTSCHLAND-ÖSTERREICH
3:0
Was am 5. Oktober 1983 in Gelsenkirchen geschehen ist, darf sich NIE MEHR wiederholen – deshalb hier die wichtigsten Punkte aus dem österreichischen Forderungskatalog an die FIFA.
gack
Aufstockung der österreichischen Mannschaft bei gleichzeitiger Verkleinerung der deutschen Elf.
Vergrößerung des deutschen Torgehäuses
SOLI
HANSI-Hüte
8
6
4
3
2
5
10
7

Verkleinerung des österreichischen Torgehäuses
ÖSTERREICH!
Deutliche Kennzeichnung des österreichischen Tores zur Verhütung von Eigentoren
Spezial-Handschuhe für den österreichischen Tormann
Straffreiheit bei eventuellem Schußwaffengebrauch
Host net g'hört? Ins linke Eck mit dir, gemma gemma!
Tumml' di, Schneckerl!

M. DEIX: DREI WÜNSCHE FÜR 1984
Dezimierung der Jägerschaft durch mehr Jagdunfälle
Der total begrenz-te Atomkrieg
Mehr Festansprachen unseres Bundes-präsidenten im TV
Löbö Östörröchörönnön önd Östörröchör.....

200 Jahre Austria-Tabakwerke –
Anlaß genug, sich neue Produkte zu überlegen.

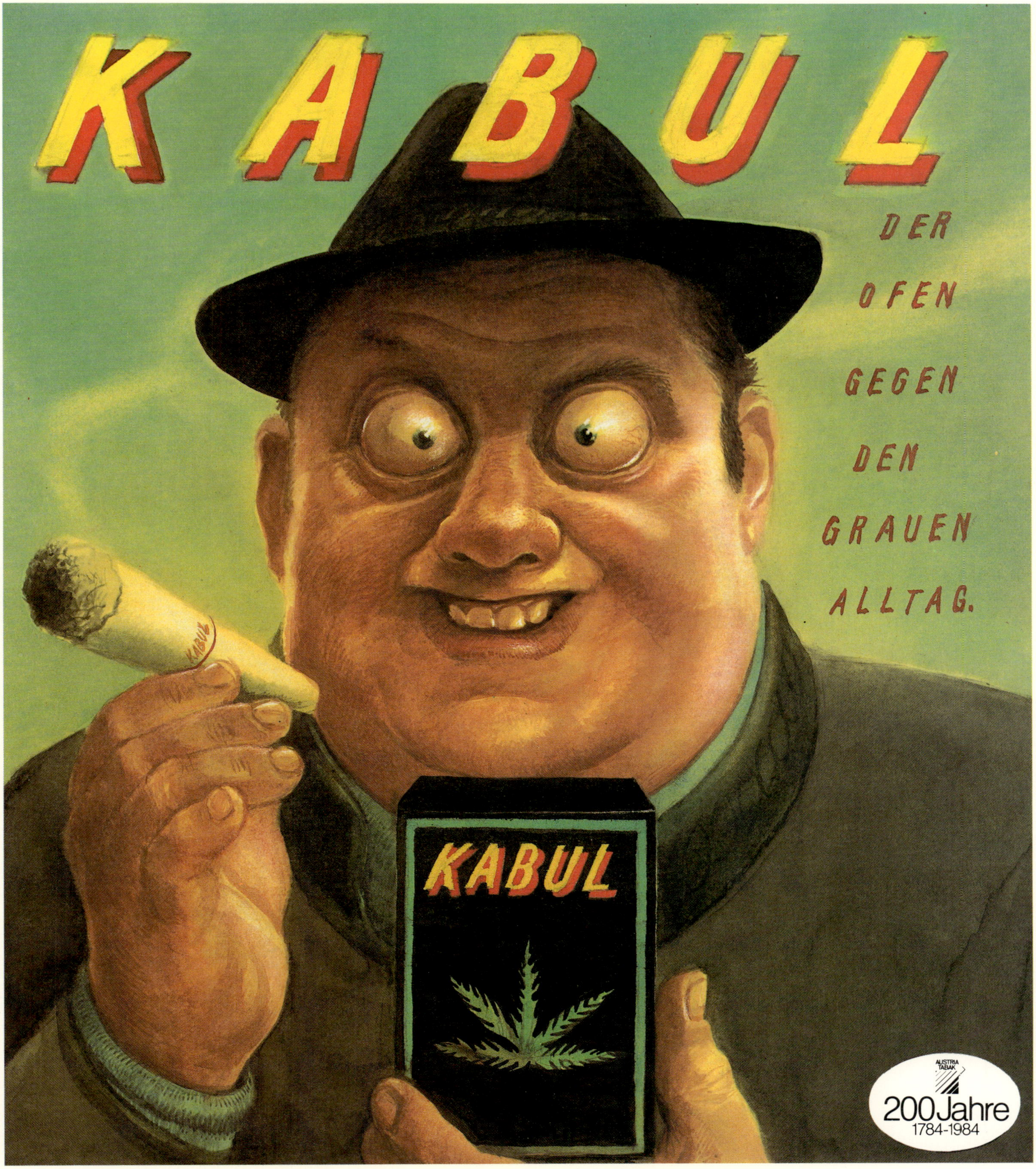

Warnung des Gesundheitsministers:
Kiffen kann Ihre Gesundheit gefährden.

Vor genau 50 Jahren wurde Donald Duck geboren.

Die Bemühungen des
Disney-Konzerns, für die
Länder Afrikas und
Asiens spezielle Donalde
zu entwickeln, scheiter-
ten kläglich am Des-
interesse der ange-
peilten Staaten.
Tick, Trick und Track sind mitt-
lerweile junge Männer im heirats-
fähigen Alter – und
keine Kinder
mehr, wie uns
die Donald-Duck-
Geschichten glau-
ben machen
wollen
Donald's vermeintliche Asexualität
ist eine plumpe Erfindung des Disney-
Konzerns: Die Wahrheit sieht leider
GANZ ANDERS AUS!
M. Deix

Entenhausen ist überall.

M. Deix

Hierzulande werden die Sommer immer kürzer und kälter.
Genau da muß die Fremdenverkehrswerbung einhaken.

Urlaub ohne Schwitzen

Wie hilft man sich gegen Steuerfahnder?
Führen Sie die Beamten an der Nase herum.
ICH FIRMA?? NIX NIX! ICH NUR ARM SULEIMAN AUS FERNE MORGEN-LAND, O EFENDI!
Stellen Sie sich einfach dumm.
„HILFE, HILFE! DAS MÜSSEN SICHERLICH EINBRECHER SEIN!"
Lassen Sie heikle Unterlagen durch unverdächtige Familienmitglieder verschwinden!
NA WAS SAGEN'S ZU SO EINEM HUNDS-BUBEN!?!
Ein geschicktes Ablenkungsmanöver Ihrer Frau ermöglicht Ihnen, belastendes Material beiseite zu schaffen.
ICH FIND' DIE 82-er BELEGE NICHT!
LASSEN'S IHNEN RUHIG ZEIT!

Österreichs Steuerbehörden legen eine härtere Gangart vor.
Ein Trupp von Steuerfahndern behandelt
einen niederösterreichischen Steuerschuldner mit derart harten Methoden,
daß dieser schließlich Selbstmord begeht.

Vergewaltigungen nehmen sprunghaft zu.
In einem nicht untypischen Vergewaltigungsprozeß
stempelt der verhandlungsführende Richter wieder einmal
das Opfer zur Verführerin.

SO EIN FLITSCHERL!
REISSEN'S IHNEN DOCH A BISSERL ZUSAMMEN, FRÄULEIN-SIE HABEN EH SCHON SO AN SCHLECHTEN LEUMUND!
DEIX

Die Sex-Expertin Gerti Senger enthüllt in ihrem neuesten Buch endlich, wie die Männer wirklich sind. (Originalzitate aus dem Vorabdruck in der Kronen-Zeitung)

Er hat einen Bart:
Was ist von „ihm" zu halten?
... glauben viele Frauen, daß ein Mann, dem ein starker Bart steht, auch sonst nicht schlappmacht.
„Reife Männer haben kein Interesse mehr an erotischen Experimenten!" So ein Unsinn. Gerade reife Männer sind ausgefallenen Experimenten gegenüber aufgeschlossen.
hlampiges Äußeres? Ein gzeselle, folgert G. Senger. Weil die ordnende weibliche Hand fehlt.
Natur Sekt
Reizwäsche – Dynamit im Schlafzimmer
So werden müde Ehemänner munter. Auch für den Mann gibt es Attraktiveres als das Flanellnachthemd ...
Manfred Deix

Obwohl Österreichs Durchschnittsmann
nur einmal pro Woche die Unterhose wechselt,
ebensowenig badet, und obwohl sich kaum
jeder zehnte Alpencasanova vor dem Beischlaf
die Zähne putzt, hat „Made in Austria"
im Ausland den allerbesten Ruf:
„Die Österreicher
sind die besten Liebhaber Europas" lobt das
französische Meinungsforschungsinstitut SOFRES.
(Zitat aus der Kronen-Zeitung)

Preis
Wert
Lolek
Bolek
Muckenstrunz
Bamschabl
Klaus
Ferdl

Bundeskanzler Sinowatz nabelt sich ab und geht eigene Wege.

Ronald Reagan hätte die Wahlen 1984 nie gewonnen, wenn . . .

...wenn man ihm gewisse Neigungen hätte nachsagen können...

...wenn er plötzlich schwer erkrankt wäre....

Spaßvogel Reagans Scherz, er lasse in 5 Minuten Rußland bombardieren, geht um die Welt. Bei einem eventuellen Gipfeltreffen mit Ministerpräsident Tschernenko ist mit weiteren Späßen zu rechnen.

Österreichs Verhältnis zum Osten hingegen ist gut – fast zu gut, meint man im Weißen Haus und warnt vor weiterem Technologietransfer in den Ostblock.

VODKA
US
TECHNOLOGY
TOP SECRET!

Führende Modeschöpfer prophezeien:
die Männermode wird bunt und sexy.

Offenherzig dekolletierte Sporthose
Verspieltes Woll-Ensemble
Gewagter Zweiteiler - im Schritt offen
Freizügiges Strandblouson
Frecher Freizeit-Overall
Raffinierte Krawattenhose (bzw. Hosen-Krawatte)
Freizügige Trachten-Lederhose (Tanga-schnitt)
Deix

USA: Zum ersten Mal in der Geschichte der Medizin wird einem Menschen ein Affenherz eingepflanzt – allerdings ohne Erfolg.

Baby Fae – und die Folgen

Obwohl das „Mädchen mit dem Affenherz" nicht überlebt hat, ist die Verwendung tierischer Organe in der Humanmedizin nicht mehr aufzuhalten – das beweisen die neuesten Herzverpflanzungen. – Der folgende Bildbericht zeigt A) wie die Organempfänger mit der neuen Situation zurechtkommen, und B) welche Herzen sich für den Menschen besonders eignen – und wie er sie verträgt.

..das Papageien-herz...
Leo ist ein schöner Mann! Leo ist ein schöner Mann! Leo ist ein schöner Mann!
..das Herz des Lamas...
...das Walherz....
..das Seehundherz...
...und das Elefantenherz.

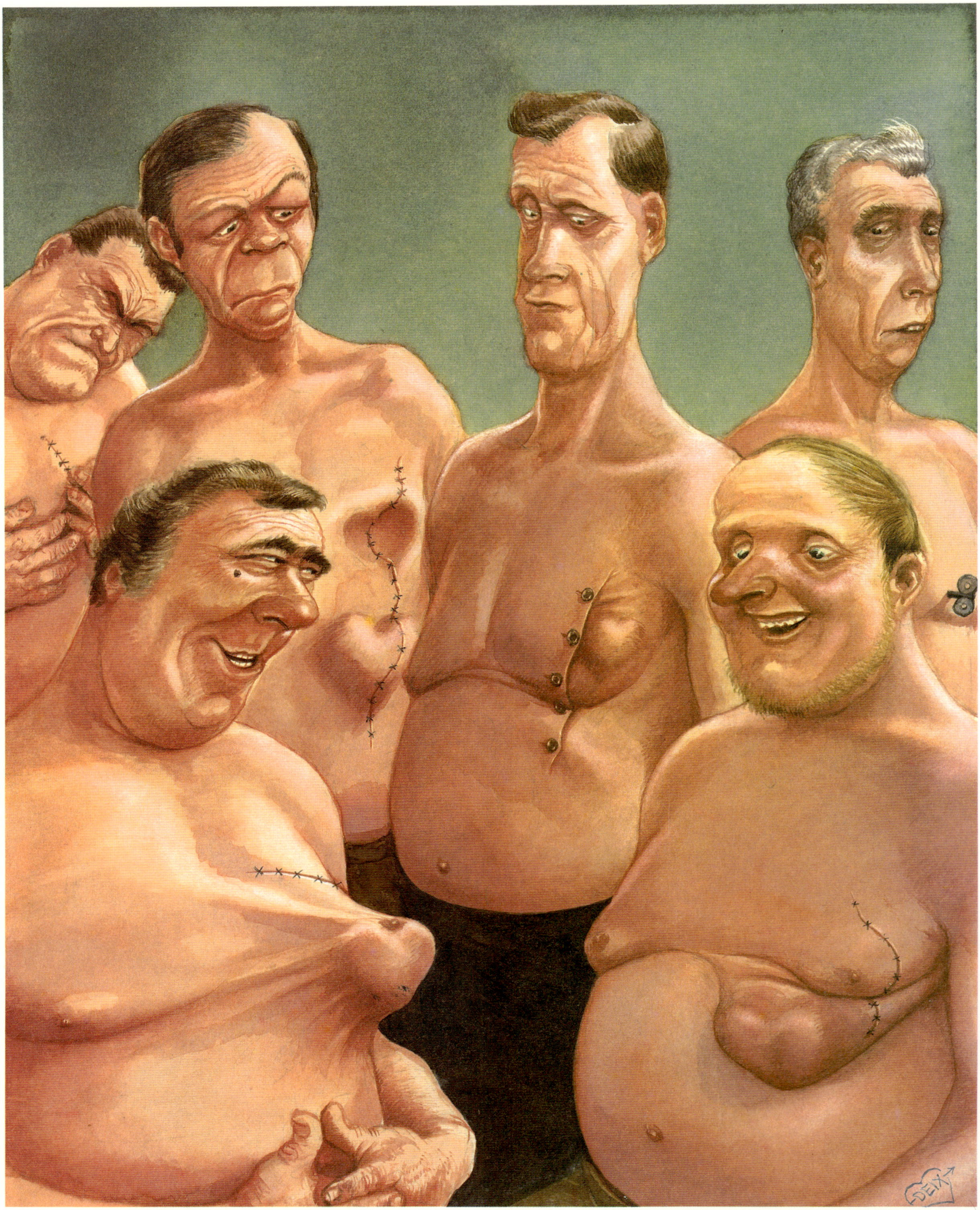

Andererseits gehören Herztransplantationen bereits zum medizinischen Alltag, Pannen sind allerdings nicht ausgeschlossen.

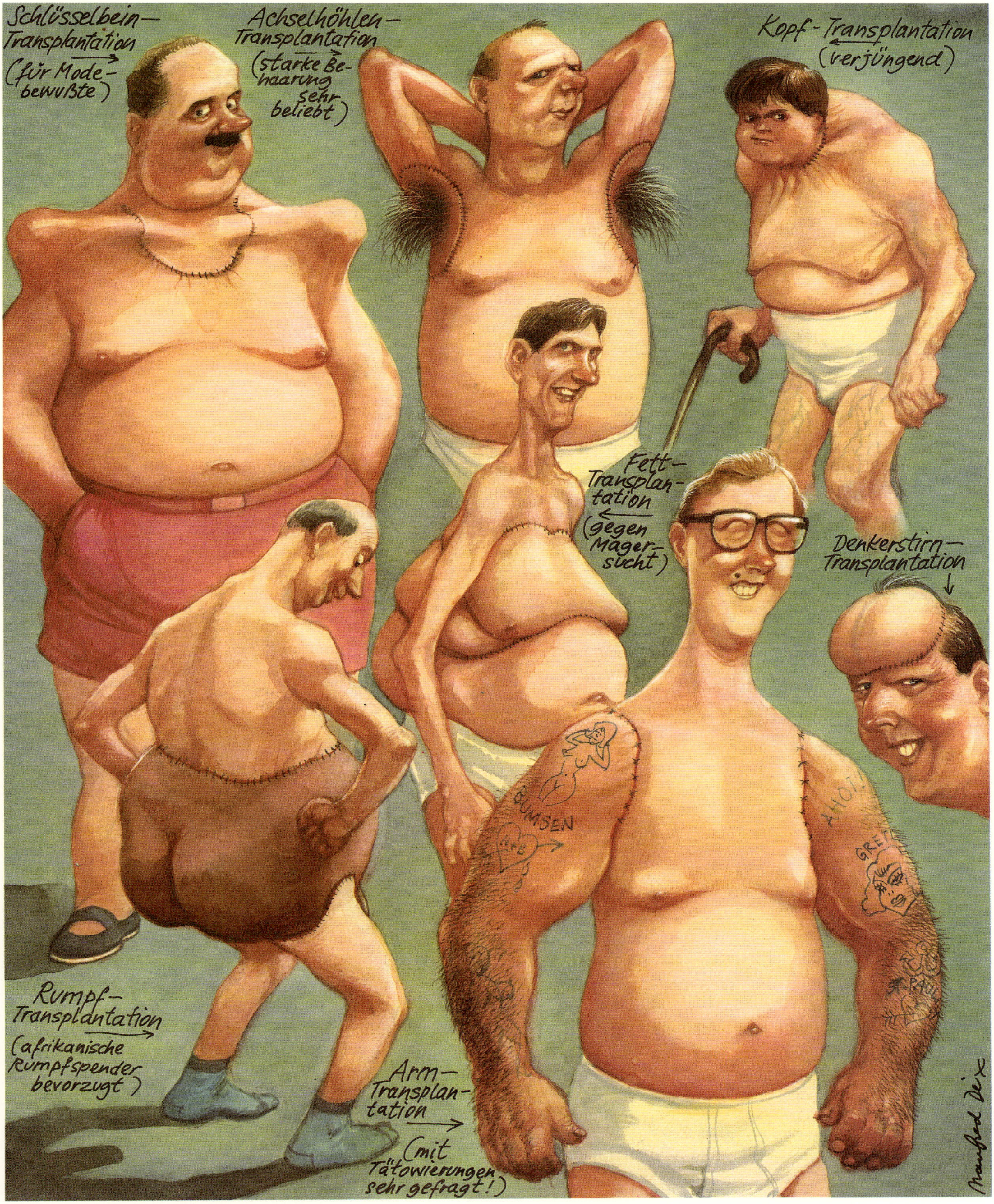

Dank verbesserter Transplantationstechniken wird sehr bald ein regelrechter Transplantations-Boom einsetzen.

Bei der Sommerolympiade in Los Angeles schneiden unsere Sportler blamabel ab. Will ein kleines Land wie Österreich mit den Sportsupermächten mithalten, muß man für unsere Olympioniken in Zukunft gewisse Erleichterungen durchsetzen.

OLYMPIA: MEHR CHANCENGLEICHHEIT FÜR ÖSTERREICH!!!
KUGELSTOSSEN: Leichtere Kugeln, Herabsetzen der Höchstmarken
GOLD
SILBER
BRONZE
GEWICHTHEBEN: Handlichere Gewichte
50 dag
50 dag
WEITSPRUNG: Medaillen auch für kürzere Sprünge, Schubsen erlaubt
BOXEN: Gegner nach eigener Wahl, bessere Schutzvorkehrungen
USA
AUSTRIA
Deix

In der Politik tut sich wieder was:
Altrecke Otto Scrinzi trägt sich mit dem Gedanken,
eine neue Partei zu gründen.

Bewerbungs – Fragebogen¹)
für die Aufnahme in Dr. Otto Scrinzi's „National – Freiheitliche Aktion" (NFA)
¹) Zutreffendes ist anzukreuzen
Glauben Sie, daß der „humane Strafvollzug" auf Sexualverbrecher abschreckend genug wirkt?
VIDEO
Ach was: Blödsinn!!
Keine Ahnung, bin noch nie erwischt worden
Mit wem würden Sie lieber einen Abend lang über Kunst, Kultur und Wissenschaft plaudern?
UGA UGA!
Mit dem blonden Herrn (links)
Mit dem Negerjungen (rechts)
Was würden Sie sagen, wenn Sie ein Fremdarbeiter um die Hand Ihrer Tochter bitten würde?
FIKI FIKI!
Daß ich mich in Kriemhilde bitter getäuscht habe
Das soll er einmal probieren!
Wie läßt sich verhindern, daß sich Unterbegabte paaren und vermehren wie die Hasen?
düdü!
Hihihi!
Zumpf abschneiden, Eierstöcke raus
Einschläfern
Könnten Sie sich eine waschechte Emanze als treusorgende Mutter Ihrer Kinder vorstellen?
Nur über ihre Leiche
Nicht in 1000 Jahren
Warum wäre dieser Herr auf gar keinen Fall in die Reihen der SS aufgenommen worden?
Weil er damals noch ein kleiner Knirps war
Weil Verräter nicht zur SS, sondern ins KZ kamen
Glauben Sie, daß es den Juden in den Konzentrationslagern wirklich sooo schlecht gegangen ist?
He, Aufseher! Noch eine Flasche Schampus hier – her!
Weiß ich nicht – ich bin nämlich kein Jude
An der Front gab's jedenfalls weniger zu lachen
Finden Sie in Ordnung, daß sich Pazifisten und anderes Gesindel ungestraft über Soldatentum und Militarismus lustig machen dürfen?
BUM BUM BUM BUM BUM!
Bumbumbum – zur Verteidigung von Volk und Vaterland, gell? Haha!
Hahahaha, der Typ ist super!!
Nein, denn ich bin auch kriegsversehrt
Das wird bald ein Ende haben, sehr bald

Seit dem Auftauchen des grünen Vorarlberger Politbauern Kaspanaze Simma entdecken auch die Politiker ihre Naturverbundenheit.

Die Liebe zur Natur artet bei manchen Menschen in Fanatismus aus und trägt oft seltsame Blüten.

DEIX

Neue Statistiken beweisen:
Kinder werden immer öfter Opfer von Sexualattentätern.
Das falsche Verhalten der Kinder trägt das Seine dazu bei.

ZU GROSSES VERTRAUEN FREMDEN GEGENÜBER
..HOPPA HOPPA REITER...
PROVOZIERENDES VERHALTEN
Weinkos
Gasthau
H. & W. GAC
Tombola
SCHÖNE PRE
Eintritt 1000.-
AUFREIZENDE KLEIDUNG
KOMMT HER ZUM HÄUPTLING SILBERPFEIL, DANN ZEIGT ER EUCH SEIN KRIEGESBEIL!
GRENZENLOSE LEICHTGLÄUBIGKEIT
SUPER!!

Die Hainburger Au soll einem Kraftwerk weichen. Naturschützer verhindern dies, indem sie die Au besetzen. Es kommt zu blutigen Zusammenstößen mit der Exekutive.

NATURSCHÜTZER – MIT SCHLAGSTÖCKEN BEWAFFNET (HINWEIS AUF VERBINDUNGEN ZUR FRANKFURTER ANARCHO-SZENE)
Schlagstöcke
SCHWER VERLETZTE EXEKUTIVBEAMTE
VERUNSICHERTE GENDARMEN
LAND DER BERGE – LAND AM STROME – – – – – .
SINGEN TUANS JO WIRKLICH EINMOLIG!

Die wirtschaftliche Situation Österreichs überschattet das Weihnachtsfest 1984.

Tuats net gleich ver-
zweifln – es wern
bestimmt wieder
bessere Zeitn
kumma!
FÜR OMA!

Im neuen Jahr lassen der strenge Winter und die hohen Heizkosten die Familien wieder enger zusammenrücken.

M. Deix
Cowbold

Die E-Wirtschaft beabsichtigt, das eingemottete Kernkraftwerk Zwentendorf doch noch in Betrieb zu nehmen.

Grüß Gott, wir sind die E-Wirtschaft, die Wärme in die Stuben schafft! Ihr könnt Euch an der Wärme laben, obwohl zuwenig Strom wir haben! Das schwören wir beim Augenlichte uns'rer jüngst verstorbh'nen Nichte!
Und was tut Ihr? Ihr glaubt uns nicht, auch wenn das Netz zusammenbricht! Führt Zweifel gegen uns im Munde, haltet uns für falsche Hunde – – – schräge Vögel und so weiter: doch das stimmt uns höchstens heiter...
...weil wir nur die Wahrheit sagen! Da können Sie den Fremuth fragen!
DEIX

Anton Benya
Gewerkschafter
„Was brauchen mir dringender: mehr Energie – oder mehr Protestler? Entweder – oder: Orsch oder Goder."
DEIX
Deshalb bin auch ich für Zwenten dorf

Der Kriegsverbrecher Walter Reder wird aus der italienischen Haft entlassen und von FPÖ-Verteidigungsminister Frischenschlager als Kriegsheimkehrer willkommen geheißen. Der „Reder-Frischenschlager-Skandal“ erregt internationales Aufsehen.

Walter R.,
Kriegsgestrauchelter
Friedhelm
FRISCHENSCHLAGER
Jörg HAIDER
Gerulf ~~Wi~~ STIX
Viktor
REIMANN
Wilhelm
GORTON

Ein neuer Skandal geht durch die Weltpresse: Im österreichischen Wein wird das Frostschutzmittel Glykol entdeckt. Da können auch eine Verschärfung des Weingesetzes und Werbeaktionen in den Hauptabnehmerländern nichts mehr retten: Kein Mensch kauft mehr Wein aus Österreich.

Na denn PROST
daß die Gurgel nicht verrost'!
Mmm, wie der schmeckt!
Gutschein für 1/8 l Wein
Wachauer Flohbeutel
OHNE FROSTSCHUTZ!
RESCH, VOLLMUNDIG
WEIN AL
OHNE GIFT
Badner Rauschkugel
WEINGUT F. FETT
BADEN / N.Ö
Nie wieder FROSTSCHUTZ!
DEIX

Weil nun österreichischer Wein im Ausland nicht mehr abzusetzen ist, müssen Maßnahmen zur Steigerung des Inlandskonsums getroffen werden.

Anstelle von Schulmilch Einführung von Schulwein ..
5 × 4 = 54
5
..ein wöchentliches Pflicht-Weinbad...
..Aufstellung von Weinomaten
Weinom
PREISLIST
1/4 WEISS 15.-
1/4 ROT 18.-
1/4 ROSÉ 20.-
WEISS
ROT
PROST
..Reform des Sakraments der Hl. Kommunion durch Verabreichung von Meßwein
DEIX

Der Weinskandal ist nur die Spitze des Eisbergs.
Weitere Skandale stehen kurz vor ihrer Aufdeckung.

DER NIEDERÖSTERREICHISCHE MILCHSKANDAL (Haarwuchs-mittel in der Milch)
DER WIENER MEHLSPEISSKANDAL (Kerosin in der Sachertorte)
DER TIROLER WURSTSKANDAL (Potenzfördernde Mittel in der Wurst)
DER STEIRISCHE BIERSKANDAL (Abführmittel im Bier)
DEIX

Weinskandal, zweiter Teil: In heimischen Weinen wird – nach Glykol – das Sprengmittel Natriumazid gefunden. Weintrinker können somit in Teufels Küche geraten.

DEN WEIN LANGSAM TRINKEN- - NET EX!!
DEIX

Das Österreich-Bild unserer deutschen Nachbarn manifestiert sich in einer SPIEGEL-Reportage:
Österreich gilt als die Skandalrepublik schlechthin.

NUN SACHT MAL, JUNGS: WIE MACHT IHR DAT BLOSS?!? BEI UNS WÄRT IHR SCHON LANGE WECH VOM FENSTA!!!

Aber auch in der Bundesrepublik Deutschland eskalieren die Skandale . . .

Den Deutschen muß endlich gekontert werden, denn wer selbst im Glashaus sitzt, soll nicht mit Steinen werfen: hier nur einige Beispiele aus der

Skandalrepublik DEUTSCHLAND

Ostagenten haben bereits Zugang zu den letzten Geheimnissen der Bundesrepublik

Selbst die engste Umgebung Helmut Kohls ist längst unterwandert.

DDR-Agenten angeln sich gezielt ältere Sekretärinnen aus dem Kanzleramt . . .

. . . und der stets betrunkene DDR-Agent Tiedge bringt es sogar bis zum Chef der Abwehr, bevor er in den Osten flüchtet. Wer wird wohl sein Nachfolger?

Ganz zu schweigen vom „STERN-Skandal" und den gefälschten Hitler-Tagebüchern

Und wie es in der deutschen Bundeswehr zugeht, weiß man spätestens seit der Affäre um General Kiessling.

I LOVE

Homosexualität beim Militär gibt es nicht erst seit der Affäre Kiessling.
Es war schon immer leicht, die schwarzen Schafe an ihrem Verhalten zu erkennen.

Sie lassen Manöver einfach Manöver sein.....
....sie spielen oft–wie Kiessling–an sich selbst herum.....
...sie lassen selbst bei Staatsbesuchen Jegliche Disziplin vermissen......
LOS LOS, JUNGER MANN–DIE BACKEN AUSEINANDER! DER DOKTOR MUSS SIE JA GRÜNDLICH UNTERSUCHEN!
.....und sie interessieren sich auffallend für die Ausmusterung der Jungmänner.
„Tag der offenen Tür"

Das österreichische Militär hat andere Probleme: Infolge des sogenannten „Pillenknicks“ herrscht Nachwuchsmangel. Deshalb werden auch bisher Untaugliche zum Militärdienst eingezogen.

DEIX

Immer wieder taucht die Forderung auf,
Zivildiener länger dienen zu lassen.
Verglichen mit den Soldaten seien sie nichts anderes
als privilegierte Drückeberger, wird gerne behauptet.

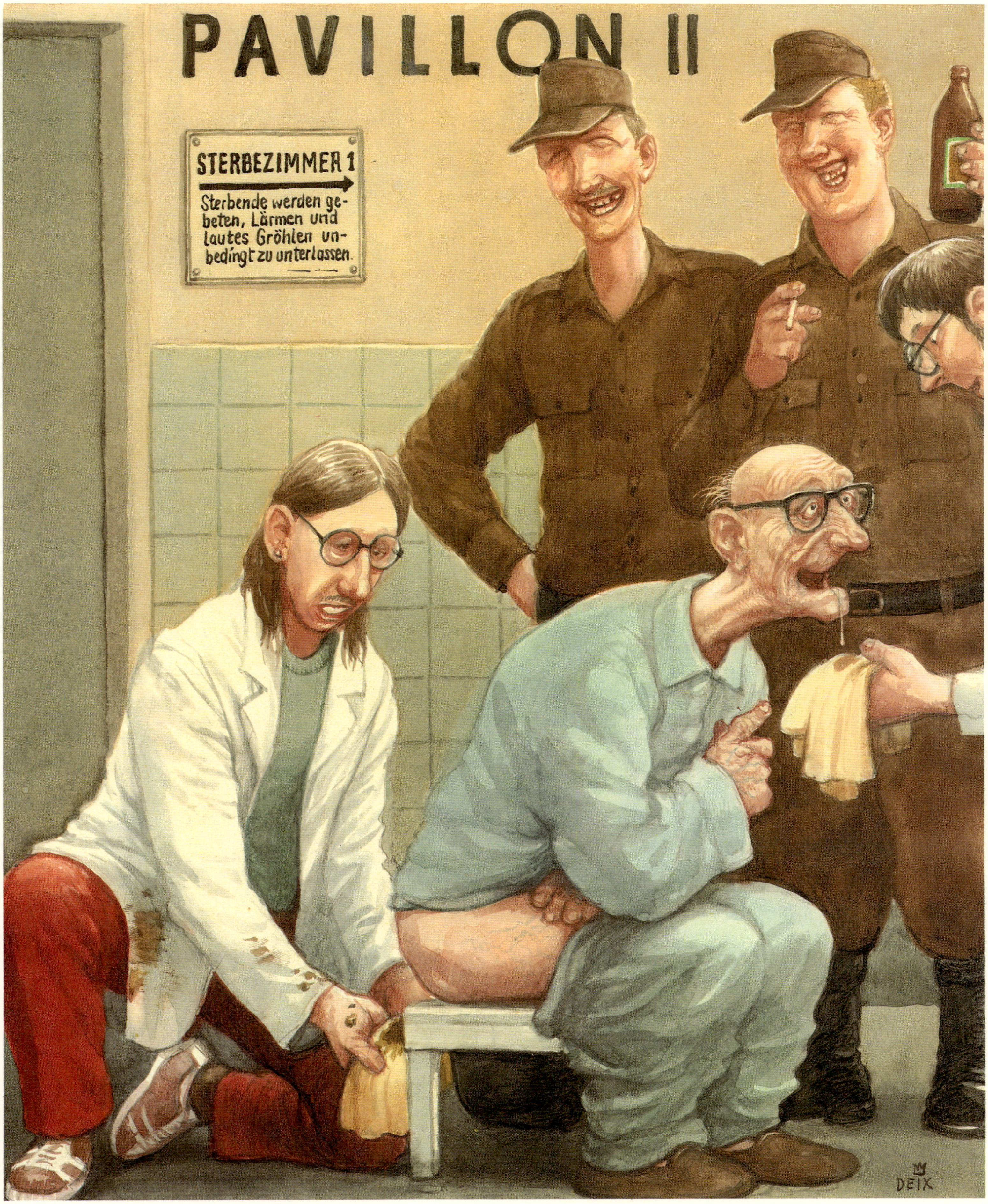
PAVILLON II
STERBEZIMMER 1
Sterbende werden gebeten, Lärmen und lautes Gröhlen unbedingt zu unterlassen.
DEIX

Österreichs Militär erwägt den Ankauf von schwedischen
DRAKEN-Abfangjägern:
damit hat der Iwan nicht gerechnet.

= 1.000 000
RUSSKI
BUM
ÖSTERREICH
DEIX

Volle Zufriedenheit bei den schwedischen
„DRAKEN"-Anbietern, – Österreich ist bei
den Schweden beliebter denn je ....
24 DRAKEN

...immerhin eine starke Verunsicherung der Luftraumverletzer...
?
SIE SIND ABGEFANGEN! FOLGEN SIE MIR! (Schluck!)
NIX KARASCHO!!
GEMMA, GEMMA!
..im Raum Steiermark vermehrtes Auftreten von Ohrensausen.
DEIX

Nach dem Tod des sowjetischen Ministerpräsidenten Tschernenko kommt eine neue Führungsgarnitur an die Macht, die nur sehr wenig mit den gängigen Russenklischees gemein hat.

Manfred Deix
Wien, im Oktober 1985
OFFENER BRIEF AN DIE RUSSEN
Wir - die Freie Welt und ich - registrieren mit Befremden den neuen Stil, den Eure Oberrussen in letzter Zeit an den Tag legen. Besonders aufgefallen sind uns die Herren Schewardnadse und Gorbatschow: das sollen Russen sein?? Ja seid Ihr noch zu retten? Wo sind die buschigen Augenbrauen, wo der stumpfe Blick? Sagt, wollt Ihr uns auf den Arm nehmen? Wir haben Euch nämlich ganz anders in Erinnerung!
SO NICHT!
SO AUCH NICHT!
SO SCHON EHER!
„RUSSE" GORBATSCHOW
„RUSSE" SCHEWARDNADSE
UHRA!
Und Frau Gorbatschow mit ihrem Fimmel für elegante Kleider ist ja wohl das Letzte: das gilt nicht, hört Ihr?!? Russische Frauen sehen ganz anders aus, das wissen wir.
Und überhaupt: was soll die plötzliche Weltgewandtheit, die tadellosen Umgangsformen und die Nadelstreifanzüge? Das elegante Getue paßt doch gar nicht zu Euch Russen.
WODKA GUT! FRAU GUT!
Bleibt doch bei Eurer „Kultur" und bewahrt Eure Eigenheiten - wir haben uns schließlich schon daran gewöhnt.
Tut Euch keinen Zwang an, wenn Ihr im Westen auf Staatsbesuchen und Banketten seid, und benehmt Euch wie zu Hause. Das schuldet Ihr Euren Gastgebern.
Wenn Ihr einen Funken Anstand habt, dann schickt eine andere Delegation zum Gipfeltreffen mit Ronald Reagan - eine, die typischer ist für das sowjetische Volk
BUT!
Die Amerikaner haben schließlich das Recht, sich ein Bild von Euch zu machen. - Schreibt Euch das hinter Eure Mongolenohren.
TOWARISCH.

In Wien sorgt das Erfolgsmusical „Cats"
seit Jahren für ein volles Haus.
Die Österreicher – ein Volk von Katzen-Enthusiasten?

Katzenskizzen

Rumänische Rüsselkatze

Westindische Würfelkatze

Katzenfänger in Lockpose

Kalifornische Kugelkatze

Mützenkatze bzw. Katzenmütze

Hauskatze (als Donald Duck verkleidet)

Der Kater und sein Herrl
(beide rollig)

Finnische Ferkelkatze

Katzenskizzen

FFFFFFFF!
GRRRR!
Sept '82

In England läßt eine unfruchtbare Frau den Samen
ihres Mannes in einer anderen Frau zum Kind reifen.
Der Begriff „Leihmutter" ist geboren.
Leihmutter und Samenspender: Neue Berufe mit Zukunft?

MIETMUTTI
Monika
Die Mietmutter Ihres Vertrauens
Aus meinem Angebot:
Ei-Verleih • Erstklassige Schwangerschaften • Frühgeburten & Fehlgeburten (halber Preis) • Kaiserschnitt
zuschlag 100%)
anfte
eburten!
Samenspender
Sigismund
Ihr Spezialist für kerngesunde Buben & Mäderln, Zwillinge, Drillinge, Rauschkinder etc. etc.
Muttermilch ½ l 10.-
AKTION
I A Mutterkuchen
Stck. 18.-
SAMEN
Güteklasse A
handgerüttelt
täglich frisch!
Auch ältere Jahrgänge lagernd!

BERUF: SAMENSPENDER
HANDWERK MIT GOLDENEM BODEN
Seit der Diskussion über Leih- und Mietmütter sind auch die Samenspender ins Gerede gekommen. Man lächelt über sie, obwohl sie unzählige Ehen retten, indem sie kinderlosen Ehepaaren zum langersehnten Nachwuchs verhelfen: Was soll daran lächerlich sein? Und außerdem: Wer - außer den Samenspendern - kann denn noch von sich sagen, im Beruf auch wirklich tiefe Befriedigung zu finden? - Wer hat denn schon das Glück, für sein liebstes Hobby auch noch gut bezahlt zu werden? Und wo noch bitte befinden sich die Produktionsmittel so sehr in Arbeiterhand wie bei den Samenspendern? - Na? Lacht jetzt noch jemand? - Na also. Drum: Samenspender - ein schöner Beruf mit Zukunft.
Keine Stechuhr, kein Fließband: die Wohnung ist zugleich Arbeitsstätte
Du kannst jetzt nicht mit Vati spielen - du siehst ja, daß er noch arbeiten muß!
Spitzen-Samenspender benötigen viel eiweißreiche Kraftnahrung: Hühnereier, Straußeneier, Stiereier, Knochenmark, Innereien (Bär, Eber), Hengstblut, Billibilliwasser etc.
Einziges Risiko: Durch die jahrelange manuelle Tätigkeit kann es - ähnlich wie bei Tennisspielern - zur Bildung des typischen „Samenspender-Armes" kommen

men tankstellen: Gute
ndorte garantieren hohe
nsätze
Wie lange brauchen Sie für Zwillinge?
NACHWUCHS SHOP
3 Minuten WARTEZEIT!
ÄRZTL. GESUND-HEITSZEUGNIS
INTELLIGENZ-QUOTIENT....189
Selbst-
edienung!
GELD EINWERFEN
ENN GRÜNES LICHT LEUCHTET
150,-
BITTE SAMENRINNE SAUBER HALTEN!
GESCHÄFTS-LEITUNG KEIN ZUTRITT!
REKLAMATIONEN

Der ideale Nebenjob für alle, die sich etwas dazuverdienen wollen

e Top-Leute in der Branche
sen längst andere für
h arbeiten und packen
ber nur mehr zu, wenn sie
st und Laune haben.
:Der Markt ist noch
ge nicht gesättigt.
Samen ZEISIG
OFF
ON

Vieles wird in Frage gestellt, so auch die Institution der Ehe. Dabei wäre sie mit etwas gutem Willen und kleinen Reformen durchaus zu retten.

WICHTIGER ALS TRAUZEUGEN: EIN GESETZLICH VORGESCHRIEBENER EHEZEUGE
DEMONSTRATIVES TRAGEN DER EHERINGE ALS ZEICHEN DER ZUSAMMENGEHÖRIGKEIT
KENNZEICHNUNGSPFLICHT FÜR VERHEIRATETE ZUR FLIRT- UND TECHTELMECHTEL-VORBEUGUNG
STRIKTE VERMEIDUNG VON EHEBRUCH; WORTBRUCH NUR IN AUSNAHMEFÄLLEN
ICH SCHWÖRE DIR, BABY: ANDERE FRAUEN SIND MIR BEIM ARSCH EGAL!
HÄNDE WEG
VERHEIRATET
VON JACK!
DEIX

Die traditionsreiche „Arbeiter-Zeitung“ kämpft ums Überleben. Es gibt aber bereits Vorschläge zu ihrer Sanierung.

① UMSTELLUNG AUF VIERFARBENDRUCK, ZEITGEMÄSSE AUFMACHUNG UND REISSERISCHER TEXT
AZ
DAS AFFENTITTENGEILE TAGBLATT
Interview Herma Kirchschläger:
„Mein Rudi war ein ganz ein WILDER!"
Typisch: GRAFF ißt am liebsten TOTE TIERE!!
OH LALA!
Alois MOCK: Seine heißen Jahre in Paris!
EXCLUSIV: Sinowatz gewährt Einblick in sein privates Foto-album!
WIRKLICH IRRE! PETER SCHIEDER lebensgroß! Ausschneiden und sammeln!
GRATIS!! Autogramme von ÜBLEIS HAIDEN SCHEUCH
Serie: Ich war HITLER's Firmgöd!
② KÜNDIGUNG DES BISHERIGEN UND BESTELLUNG EINES NEUEN ANZEIGEN-LEITERS
FREUNDSCHAFT! WIR KOMMEN VON DER AZ! STIMMT ES, DASS SIE BEI UNS NICHT INSERIEREN WOLLEN?
WER SAGT DENN SOWAS!?!
③ SOFORTIGE ERHÖHUNG DES VERKAUFSPREISES VON öS 7,– AUF öS 350,–, AUCH WENN'S NOCH SO UNPOPULÄR IST
Komm', tu' schön das Kitekat essen! Es gibt heut' nix anderes, weil der Papa hat sich halt schon wieder die AZ 'kauft!
④ AUFLOCKERUNG DER ZEITUNG DURCH NACKTE MÄDCHEN
GEIL!
DEIX

Frust am Zeitungskiosk.
Das vorhandene Angebot wird von
jungen Menschen mehrheitlich abgelehnt.
Man greift lieber zu den neuen Stadt- und Programmzeitungen,
die plötzlich allerorten aus dem Boden schießen.

PEIX
NEUE REVUE
WINTER 85:
So kalt war es den ganzen Sommer nicht!
BUNTE
So ein netter Kerl: Jugend-Idol BORIS
„Ich hab' noch nie gebumst!"
DER Sportsfreund
stern
Mitten in Deutschland
Kinder, die tote Tiere essen
HÖRZU
Harry Hupf: „Nie wieder!"
Peter Alexander
Brigitte
Schicke Mützen hübsche Hauben
MUTTI & VATI
DISKUSSION! Nach Vatertag und Muttertag bald auch ONKELTAG? TANTE
Unser Dessert-Tip: Mutter-kuchen
DER SPIEGEL
US-Spion KOHL?
QUICK
Gefahr für deutsche Frauen: Brustkrebs
AIDS
Harald Juhnke:
Bild
„Ick hab' doch nich AIDS!"
Frau mit HERZ
Lady Di: Knöchel verknackst Panik bei Hof!
POSTER: Prinz Willibald
BODY
DER FICKER
MUSIC
SODOM
TEST: Pinguine
SKLAVEN ZEITUNG
Die Zeitschrift für Guterzogene.
Der Päderast.
NACHRICHTEN FÜR DEN KINDERFREUND.
UNTERKÖRPER Nachrichten
GENITAL Journal
NEU: INNENAUFNAHMEN!
HARALD

Immer wieder Gerüchte über angeblich prügelnde Polizisten: Was ist wahr daran? Gar nichts, pure Verleumdung: die Leute fügen sich die Verletzungen in den Wachstuben nämlich meistens selber zu.

Also das geht auf keine Kuhhaut:
Alarmierend: Immer mehr Kriminalität, immer mehr Rauschgift!
SCHAU ZU
DEUTSCH SPOKEN

Der Innenminister kündigt eine Verbesserung der Polizistenausbildung an. Vermehrtes Schießtraining, psychologische Schulung und das Erlernen von Fremdsprachen stehen auf dem Programm.

MEHR SCHIESS-ÜBUNGEN
Noch a bisserl nach links.....
12
PSYCHOLOGISCHE SCHULUNG
Jetzt waaß i endlich, warum mei Oide immer so spinnt: das is der PENISNEID – und sunst gor nix!
the HAT
the EAR
the MOUTH
the HAND
the LEG
the FOOT
FREMDSPRACHEN-UNTERRICHT
Also wird's bald, meine Herren?!?
Wie sagt man „FUSS" auf englisch?

Die ÖVP präsentiert ihr neues „Zukunftsmanifest“ und erntet rundum helle Begeisterung damit.

...BEI CHRISTEN
ND ATHEISTEN....
Des hot an Sinn! Wirklich einmolig!
...SOGAR BEI ÜBERZEUGTEN PESSIMISTEN...
Um Gottes Willen, mach' kan Blödsinn, Papa!! Les' doch erst amal das Zukunftsmanifest von die Schwarzen!!
Warum...hast... ..mir..das..net... ..schon...früher... ..lesen...lassen???!?
HEUREKA! Dies' Manifest bedeutet eine neue Ära——die Menschheit kann aufatmen!!
INTELLEKTUELLEN
D KÜNSTLERN....
Welch kühner Weitblick! Welch flimmernder Ideenreigen voller Phantasie und Mutterwitz!!
$a^2+b^2=c^2$
DEIX

Papst Johannes Paul II. rügt die Jugendlichen wegen ihres konsumorientierten Lebensstils und ihrer Vorliebe für teure Kleidung.

HALLELUJAH!
DEIX

Die fortschrittliche Lehrerschaft beklagt sich darüber,
daß die vorhandenen Sexualaufklärungsbücher
zu schwer verständlich seien:
Man fordert mehr Praxisnähe in Bild und Text.

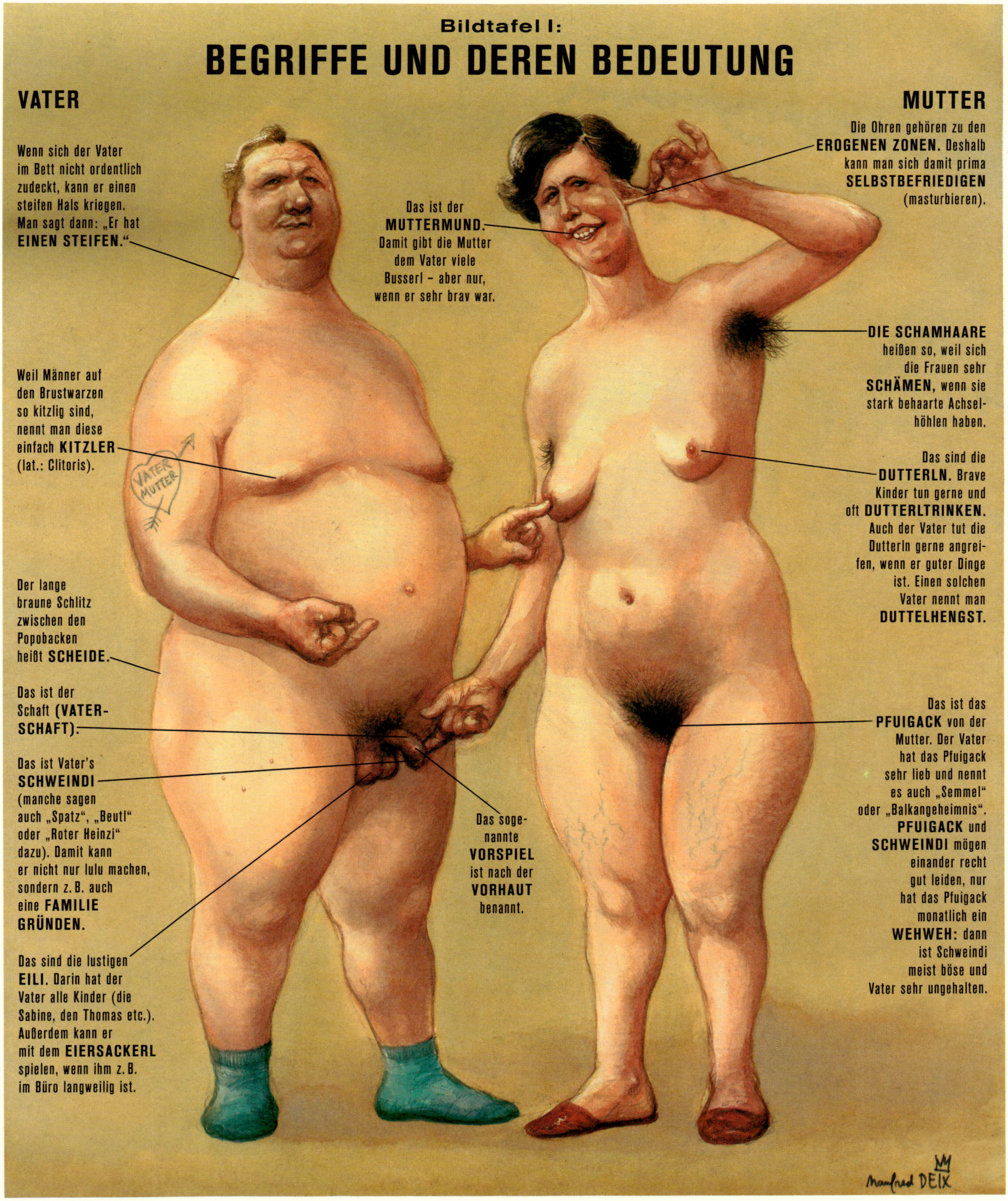
Bildtafel I:
BEGRIFFE UND DEREN BEDEUTUNG
VATER
Wenn sich der Vater im Bett nicht ordentlich zudeckt, kann er einen steifen Hals kriegen. Man sagt dann: „Er hat EINEN STEIFEN."
Weil Männer auf den Brustwarzen so kitzlig sind, nennt man diese einfach KITZLER (lat.: Clitoris).
VATER MUTTER
Der lange braune Schlitz zwischen den Popobacken heißt SCHEIDE.
Das ist der Schaft (VATERSCHAFT).
Das ist Vater's SCHWEINDI (manche sagen auch „Spatz", „Beutl" oder „Roter Heinzi" dazu). Damit kann er nicht nur lulu machen, sondern z. B. auch eine FAMILIE GRÜNDEN.
Das sind die lustigen EILI. Darin hat der Vater alle Kinder (die Sabine, den Thomas etc.). Außerdem kann er mit dem EIERSACKERL spielen, wenn ihm z. B. im Büro langweilig ist.
Das ist der MUTTERMUND. Damit gibt die Mutter dem Vater viele Busserl – aber nur, wenn er sehr brav war.
Das sogenannte VORSPIEL ist nach der VORHAUT benannt.
MUTTER
Die Ohren gehören zu den EROGENEN ZONEN. Deshalb kann man sich damit prima SELBSTBEFRIEDIGEN (masturbieren).
DIE SCHAMHAARE heißen so, weil sich die Frauen sehr SCHÄMEN, wenn sie stark behaarte Achselhöhlen haben.
Das sind die DUTTERLN. Brave Kinder tun gerne und oft DUTTERLTRINKEN. Auch der Vater tut die Dutterln gerne angreifen, wenn er guter Dinge ist. Einen solchen Vater nennt man DUTTELHENGST.
Das ist das PFUIGACK von der Mutter. Der Vater hat das Pfuigack sehr lieb und nennt es auch „Semmel" oder „Balkangeheimnis". PFUIGACK und SCHWEINDI mögen einander recht gut leiden, nur hat das Pfuigack monatlich ein WEHWEH: dann ist Schweindi meist böse und Vater sehr ungehalten.
Manfred DEIX

Die Jugendarbeitslosigkeit steigt.
Eine der traurigen Auswirkungen: der Strich wird immer jünger.

Du, die klane Nuttn woa echt super: No kane zehn Johr, blonde Zopferl, Busen null, untn glott, -und a Oascherl wie a Vierjährige!!
Und original Müchzahnderl?
No sowieso!
So a geiles Gfrast! Und wievü hat's verlangt?
Drei Fixifoxi-Heftln und a Fendrich-LP!
Ja, Herrin-ich bin ein ungehorsames Kind! Du mußt mich viiiel peitschi peitschi, daß ich nicht mehr so garstig bin!
Hau' eahm! Hau' eahm!
Ob's bei mir WOOS gibt?!?
Ähh.. Sekt.... Natursekt-- ---Wasserspiele halt!--- --Ich meine, daß Du mich ein bissi --anlulu tust, ja?!?--

40 Jahre Zweite Republik: Die Zeitschrift WIENER beschreibt 100 bedeutende Österreicher und deren Leistungen während dieses Zeitraums. Die Folgenden sowie der Freistilringer Otto Wanz blieben ungerechterweise unerwähnt.

ARNOLD SCHWARZENEGGER

Schauspieler und Geschäftsmann

Dem siebenten Kind einer bettelarmen steirischen Bodybuilder-Familie kauften die Eltern um ihr letztes Gespartes die schwerste Hantel, die es im Dorf gab, und schickten ihn über den großen Teich. Arnold half kräftig beim Wiederaufbau seines Trizeps und der Oberschenkelmuskulatur mit und erhielt schließlich die Hauptrolle in dem US-Streifen „Onan, der Papa". Diese Rolle hat ihn weltberühmt und zum Milliardär, aber kein bißchen hochmütig gemacht.

ANDRE HELLER

Künstler

Er war und ist der Killerwal im Fischstäbchentümpel Österreichs. Das verzeiht man ihm nicht. Sein „King Kong King Mayer Ling" löst 1968 die Studentenrevolte aus. Sein Bombenanschlag auf das Burgtheater trifft die Burgeoisie ins Mark. Heller, Dutschke, Cohn-Bendit und Karli (später „Carlos") werden Blutsbrüder. Seine friedlichen Feuerwerks- und Knallfroschveranstaltungen verändern das Bewußtsein der Menschen in Berlin und Lissabon: Rückgang der Kriminalität, Zunahme von Betroffenheit und Verletzlichkeit.

GÜNTHER WIESINGER

Arzt

Er hat die Legende von den unnahbaren Göttern im weißen Mantel mit einem Schlag endgültig aus der Welt geschafft. Er hat 1982 als damaliger Gesundheitssprecher der ÖVP dem Kellner eines Striplokals im Zuge eines Rauschhandels mit einigen wohlgesetzten Geraden den Pfrnak eingeschlagen: eine menschliche Geste, die zur Verringerung der Distanz zwischen Arzt und Nichtarzt beigetragen haben dürfte. Der Arzt – ein geiler Raufbold wie du und ich, ein Mensch also aus Fleisch und Blut.

HANNO PÖSCHL

Filmschauspieler

Der erste gelernte Konditormeister der Zweiten Republik, dem der Sprung ins internationale Filmbusineß gelungen ist: eine einzigartige Karriere, sieht man von Toni Sailer und Rudi Nicoletti ab. Internationale Kritiker staunen über seine ungewöhnliche Wandlungsfähigkeit, verschiedenste Charaktere beklemmend echt darzustellen (Sitting Bull, Mutter Theresa, Joh. Seb. Bach). Seine Rolle als Heimito von Buderer in der Verfilmung der „Nudelhofstiege" verspricht schon jetzt ein Höhepunkt des neuen österreichischen Films zu werden.

WILLY KRALIK

TV-Präsentator

Die Roaring Sixties wären wohl nur halb so roaring gewesen, hätte es Willy Kralik und seine legendäre Popsendung „Hallo Teenager" nicht gegeben. Er hat sich von der Glitzerwelt des Schlagers nie gänzlich vereinnahmen lassen und hat einen kühlen Kopf bewahrt: Die branchenüblichen Drogen- und Sexskandale haben in dieser langen Karriere des Willy Kralik nie stattgefunden.

STEFANIE WERGER

Sängerin

Nach Lolita und Erika Pluhar die erste österr. Sängerin, die in ihren Texten ungeschminkt ihre Ängste, Sehnsüchte und Probleme preisgibt. Von Übergewicht ist da die Rede, vom Doppelkinn etwa, das nicht nur zu einer modernen Geisel der europäischen Jugend, sondern auch der Kids in der Dritten Welt geworden ist, und nicht zuletzt vom großen Bruder Durst, der halt leider wieder für große, rote, schlaffe Backen sorgt – oben wie unten. Wie gesagt: österreichische Musik mit Gewicht (ca. 100 Kilo).

HANS & GEORG BUNDY

Frisöre

Ihre einmalige Erfolgsbilanz: 1959 Ehrenurkunde im Zöpferlflecht-Wettbewerb, Bad Vöslau. 1964: Silbermedaille, Bubikopf-Weltmeisterschaft in Osaka. 1967: Anerkennungspreis im Scheitelziehen, Darmstadt. 1968: Gewinn des Bundy & Bundy-Pokals, Wien. 1973: Vortragsreise in die USA, Thema: Waschen, Legen, Fönen. 1966–1985: zahlreiche Auftritte im Farbfernsehen. Die raffinierten Kreationen der Brüder Bundy haben dazu beigetragen, daß die Wienerinnen wieder zu den schönsten Frauen Wiens zählen.

KURT(I) ELSASSER

Entertainer

Kurt(i) Elsasser mit zwei Jahren: Anstatt des Fläschchens ein Mikro in der Hand, erste Erfolge als Schlagersänger. Mit 5: Tourneen durch aller Herren Bundesländer, rauschende Erfolge. Mit 7: Plattenverträge, Tourneen, TV-Auftritte. Mit 9: Konzerte, Groupies, Partys, Alkohol- und Nikotinexzesse. Aber dann mit 12: der Stimmbruch. Aus. Ende. Finito. Doch mit 13 rafft er sich auf, verwüstet sein Kinderzimmer, feuert seinen Manager Pater Benedict, entläßt seine Eltern fristlos und kauft sich eine funkelnagelneue Ziehharmonika. Der heute 17jährige hat es endgültig geschafft.

FRIEDHELM FRISCHENSCHLAGER

Politiker

In einer Zeit, in der entseelte Polittechnokraten das Sagen haben, ist ein Mann wie Frischenschlager eine wohltuende Ausnahme. Er hat anläßlich der Heimkehr Walter Reders gezeigt, was bei Politikern heute so selten zu sehen ist: Er hat sich bei der Begrüßung des alten, kranken Mannes nicht geschämt, Gefühle zu zeigen, hat menschliche Regungen gar nicht erst zu überspielen versucht, obwohl ihm die Folgen klar gewesen sein müssen. Für diese Eigenschaft gibt es ein Wort: Zivilcourage.

Arbeitslose Akademiker

Früher galt die bestandene Aufnahmeprüfung fürs Gymnasium als Garantie für den sozialen Aufstieg und eine sorglose Zukunft. Der junge Gymnasiast – und somit der künftige Akademiker – war der Stolz jeder Familie und steigerte deren Ansehen beträchtlich.

Wer heute dennoch glaubt, unbedingt studieren zu müssen, sollte sich zumindest über die Folgen dieses Schrittes klar sein.

Die Arbeitslosigkeit hat viele Gesichter: einerseits bewirkt sie neue soziale Kontakte…
Do, Frau Magister, die Eiernockerln san uns übrigbliebn — und tuans Ihna nur net scheniern: uns is's jo aa net immer so guad gaungen!
Mag.Dr.Schnabl
…und läßt oft interessante Freunds
Glaub' mir's, Herr Dokta: Ois Bua hätt' i aa gern studiern wolln: Frauenorzt, vastehst? Ov mei Vata hot gsogt: „Nix do, du wi a Raupfaungkehra!–“ Und recht hot er ghobt: vielleicht war i heit aa so a Negerant wie du! —
…und aus einem hochtalentierten Zeichenlehrer ein erfolgloser Berufstätowierer.
Gebn's des schiache Weib weg, owa SOFURT!! I hob a fesche Nockerte bestöd – und ned so a surrealistische Pfludern!
Aber ich bitte Sie: Das ist immerhin ein Egon Schiele-Motiv!!
HELLS ANGELS
Ein Doktor der Philosophie versuch
Tschuidign, Herr Schef, se san doc Akademika: Kenntn sie mir erkla wos der Wittgenstein mit seina Filosofie gmant hot?

tstehen.
Andererseits zwingt sie die Akademiker zu artfremder beruflicher Tätigkeit:
So wurde aus einer Staatsanwältin eine Verkäuferin - - -
VIDEO
TAUSCH & VERLEIH
VHS · BETAWIX · 2000
Jugendlichen unter 18 Jahren ist das Felbern behördlich untersagt!
PUPPi
NEU!
KANN AUCH LULU UND GACKE
NEU! AUFBLASBARER RUMPF!
SEXY GUMMI-MODEN
PUPPI ♥ WERNER
AKTION
Aufblasbare Lebensgefährt
Der AFTER-BOTE
GUMMI-ANZÜGE
GUMMI MÜTZEN
SCHAS-QUASTEN
GUMMI-STIEFEL
GUMMI-SPATZEN
rzem als Nachtwächter, ...
Freilich – aber da muß ich etwas weiter ausholen!
...während eine tüchtige Englischlehrerin heute als Tänzerin arbeiten muß.

Dieser junge Mathematiker ohne Job hat bereits resigniert und ist endgültig in der Subkulturszene untergetaucht.

Andere wieder beginnen zu trinken – wie dieses Theaterwissenschafter-Ehepaar samt beschwipstem Töchterchen.

Arbeitslose Mediziner gründen die „Anonymen Akademiker" („ANONAKADE"). Sie gehen zwar neue, unkonventionelle Wege, scheitern aber, weil sie weder die fachliche noch die nötige moralische Reife mitbringen.

STELLENANGEBOTE
DEIX

Die Modezentren London, Paris und Florenz diktieren:
Der modebewußte Mann trägt Rock.

Die Frau entdeckt wieder den harten männlichen Mann.
Softies sind endgültig weg vom Fenster.

DEIX

Der Lügenkönig von Zeltweg.
Der Grand Prix von Zeltweg lockt alljährlich neben den Tausenden Motorsportbegeisterten auch fragwürdige Elemente an, unter anderen auch den berüchtigten „Lügenkönig von Zeltweg“.

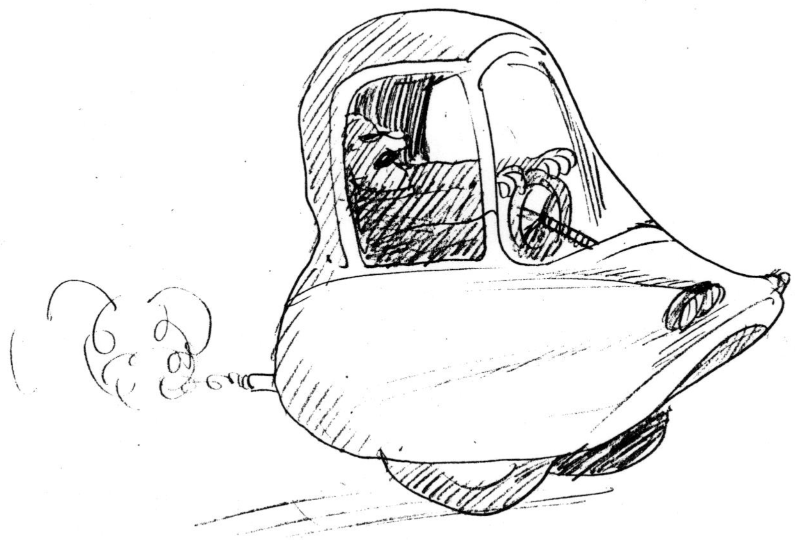

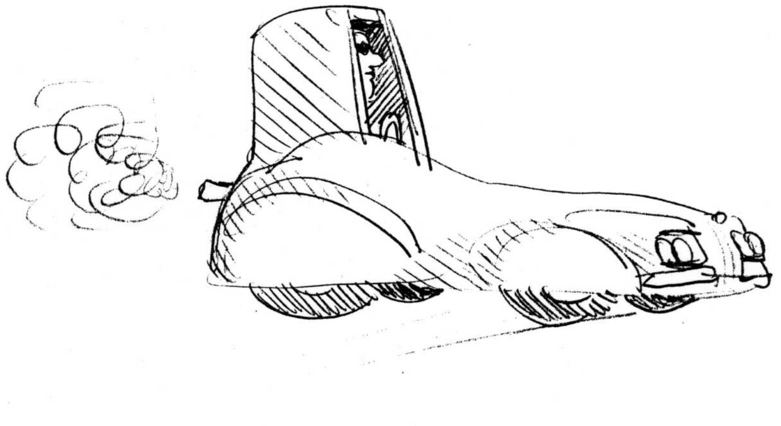

Hallo Mädels,
kennt Ihr mich noch??
Ich bin's, Niki Lauda! Wer
mit auf mein Zimmer kommt,
darf meine tollsten Narben seh'n!
rmalat
elf
Marlboro
GOODYEAR
DEM WELTMEISTER
N. Lauda!

Der Massentourismus nimmt weltweit zu.
Ein positiver Nebenaspekt: Sex wirkt immerhin völkerverbindend.

TI AMO, BELLA RAGAZZA SVEDESE!!
ICH LIEBE DICH!
OLÉ!
I LOVE YOU!
OUI, JE T'AIME, FRANZ!
AUSTRIA
Manfred Deix

Auch das noch: AIDS

Der Sextourismus nach Afrika ist die Wurzel des Übels: der Leichtsinn der Touristen gefährdet nicht nur sie selbst, sondern uns alle. ▶

Sexuelle Praktiken, bei denen es zu Blutungen kommen kann (z.B. Nasenbluten) erfreuen sich offenbar – trotz AIDS-Risiko – steigender Beliebtheit. ▶

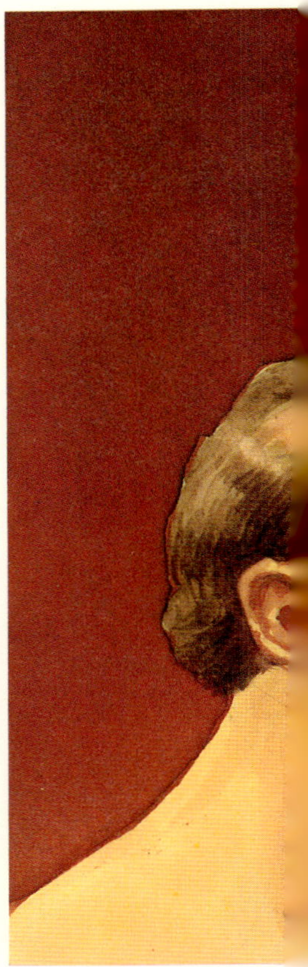

Auch der Zungenkuß ist heute gefährlicher denn je: wie man weiß, kann der Austausch von Speichel zur Katastrophe führen. – Die Anwendung von Hilfsmitteln ist dringend anzuraten. ▶

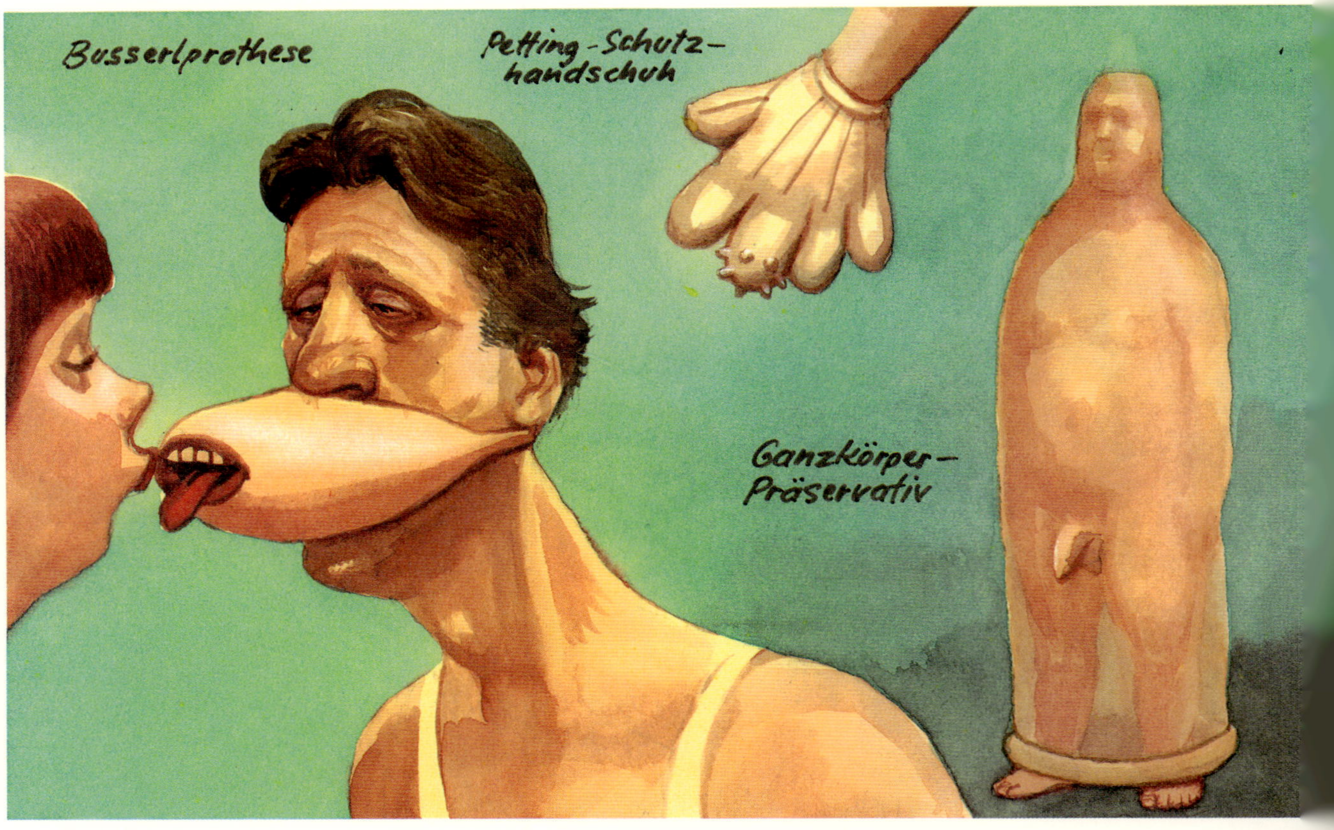

…IN ÖSTERREICH!

Nach dem Weinskandal der nächste Schock!

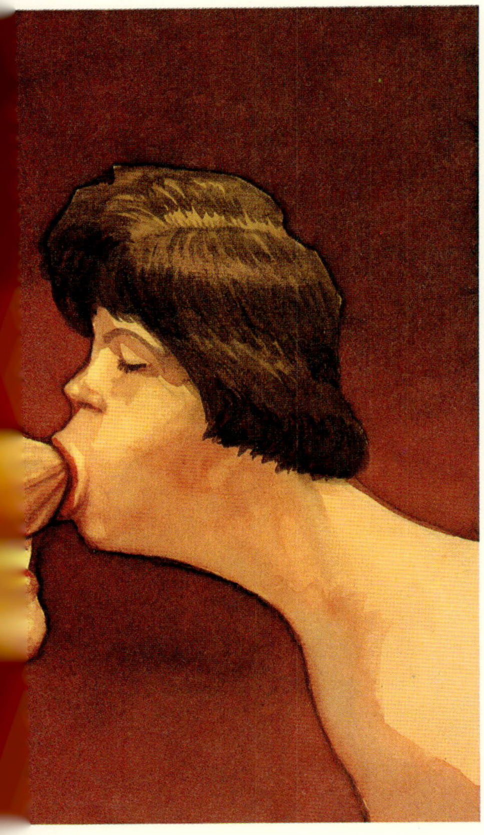

Nicht nur Homosexuelle sind gefährdet: Männerfreundschaften, die mit der Blutsbrüderschaft besiegelt werden, enden heutzutage meist tödlich. ▶

…viel steht
…st: mit dem
…nsteigen der
…ids-Rate in
…terreich ist
… Klima der
…rdächtigun-
…n und des
…ißtrauens
…tstanden.
…her eigent-
…h geschieht
…s ja ganz
…cht: wer es
…toll treibt
…e wir, muß
…ließlich auch
…Konsequen-
…tragen. ▶

Die neue Geißel der Menschheit: AIDS.
Wegen des hohen Ansteckungsrisikos
ist von gewissen sexuellen Praktiken dringend abzuraten.

AUSTAUSCH VON SPEICHEL KANN ANSTECKEND SEIN: HÖCHST BEDENKLICH.
AUSTAUSCH VON OHRENSCHMALZ UND NASENRAMMELN („RAWUZER-SEX"): ÄUSSERST RISKANT.
FETISCHISTEN, ACHTUNG! LIEBLINGSGEGENSTÄNDE (GETRAGENE UNTERWÄSCHE, BENÜTZTE ZAHNSTOCHER UND TAMPONS ETC. ETC.) AUF KEINEN FALL IN DEN MUND NEHMEN!
„FIST-FUCKING": DRINGEND ABZURATEN.
AUCH NICHT UNGEFÄHRLICH.
„GOLDENE DUSCHE": SEHR ZU ÜBERLEGEN.
NASCHEN IM ANALBEREICH: LEBENSGEFAHR!
DEIX

AIDS ist längst nicht mehr
nur die Krankheit der Schwulen und Fixer.
Schon durch ein harmloses Busserl kann das Virus
auf jeden von uns übertragen werden.

DEIX

Die Angst vor AIDS hat aber auch ihr Gutes:
Immer mehr Menschen verzichten auf ausschweifende
Orgien und entdecken, daß man auch
mit sich selbst einen netten Abend verbringen kann.

1 Kleiden Sie sich dem Anlaß gemäß sportlich-leger. Gedämpftes Licht und leise Musik sorgen für knisternde Atmosphäre.
2 Seien Sie ein charmanter Plauderer und führen Sie anregende Selbstgespräche. Sparen Sie nicht mit Komplimenten! Stoßen Sie ruhig mit sich selber an, denn Alkohol wirkt enthemmend und stimulierend.
Also Prost! Ich heiße Walter!
Prost, Walter!
3 Wenn Sie dann prickelndes Verlangen nach sich verspüren, setzen Sie Ihre Verführungs-Künste behutsam ein. Erobern Sie sich zärtlich und überstürzen Sie nichts! (Sollten Sie vor Aufregung kalte oder feuchte Hände haben, so verwenden Sie flauschig warme Woll-Handschuhe.)
NEIIIN!!
OH DOCH!!
4 Jetzt ziehen Sie Ihren Slip aus und gehen auf's Ganze: Beweisen Sie Phantasie und nehmen Sie aufregende Positionen ein. Zeigen Sie Ihre Gefühle und sprechen Sie ohne Scham aus, was Sie für sich empfinden – egal, ob Sie die Nachbarn hören oder nicht.
MAMMA MIA!!!
UFFF!
OGOTTOGOTT OGOTT!!
DEIX

Bei Krawallen im Brüsseler Fußballstadion liefern sich Fußballrowdys eine erbitterte Schlacht, bei der 40 Menschen ums Leben kommen. So etwas darf nie mehr passieren.

…USEND DANK!
…HOCHACHTUNG VOR DEM GEGNER..
ICH BIN UNTRÖSTLICH, KOLLEGE!
ABER ICH BITTE SIE! SIE HABEN DOCH NUR IHRE STÜRMER-PFLICHT ERFÜLLT!
WIR FORDERN SATISFAKTION!
DARF ICH EUCH CARL-GEORG VORSTELLEN? ER WILL SPÄTER EINMAL UNBEDINGT DIE LINIENRICHTER-LAUFBAHN EINSCHLAGEN!
HÖRT, HÖRT! SO HOCH HINAUS, JUNGER MANN?

Die beispiellose Karriere Arnold Schwarzeneggers regt viele junge Österreicher zur Nachahmung an.

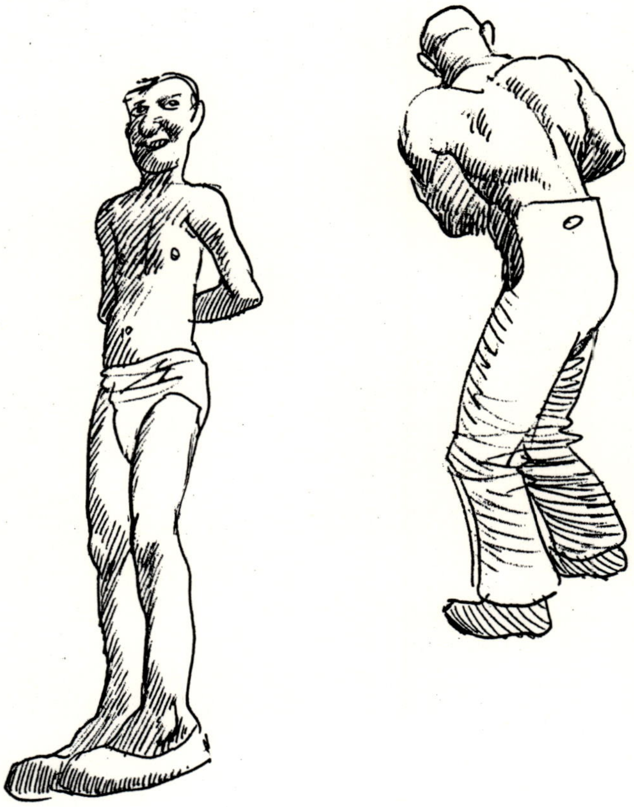

Der Sommer '85 hat es erneut bewiesen:
FKK IST STARK IM KOMMEN
-und das nicht nur am Strand oder in öffent-
lichen Parkanlagen. Die Anhänger kommen aus
allen sozialen Schichten und nehmen langsam,
aber sicher überhand. - Ob das auf die Dauer gut ist?
RENTNER...
...GEWERBETREIBENDE...
DIE KLEINE DA SIEHT LECKER AUS! IST DIE AUCH FRISCH?
DANKE
...POLIZISTEN...
KRIMINALPOLIZEI!! BITTE FOLGEN SIE MIR UNAUFFÄLLIG!
...KELLNER...
WÜNSCHEN SIE EINEN STROHHALM?

SPORTLERINNEN...

...ARTISTEN...

PÄDAGOGEN...

..........EISKUNSTLÄUFER ETC. ETC. ....

Günther Nennings grüne Aktivitäten führen zu seinem Ausschluß aus SPÖ und Gewerkschaftsbund.

RAMBO – Bundeskanzler Sinowatz greift endlich durch.

M
DEIX

17 Jahre nach der 68er Studentenrevolte kommt es plötzlich wieder zu Studentenunruhen. Die Rädelsführer sind diesmal unzufriedene Informatikstudenten. Gottlob gibt es keine Toten und Verwundeten zu beklagen.

ER ALLERSEMESTER-
WAS HÄNSCHEN NICHT LERNT
T HANS NIMMERMEHR!
MACHT!
RAUS
NI !!
MAN MUSS JA AU
AN MORGEN DENK
OHNE FLEISS
MÜSSIGGAN
IST ALLER LASTER A

Manfred Deix
Wien, im Dezember 198
Liebes Christkind!
Ich war das ganze Jahr sehr fleißig und habe viele
lustige Politiker gezeichnet. Ich war aber auch sehr brav
und habe viel weniger Zumpferln gezeichnet als früher.
Darum habe ich heuer zu Weihnachten folgende Wünsche:
1: Daß in der neuen Fernsehwerbung am Sonntag nur fü
Klostersuppe von Knorr
Der unverwüstliche MINI-ROSENKRANZ für Reise, Sport und Freizeit!
ernste un
feierliche
Dinge ge
worben
werden
darf.
2: Bitte hilf' mit, daß die Österreicher den Dr. Graff in
Zukunft sympathischer finden
SCHAU, MAMA! GRAFF LIIIEB!
SO A NETTER MENSCH!
MICHL, KUMM' MIT AUF A BIER!
DER WÄR A SÜNDE WERT!
DER WÄR' DER IDEALE BUNDESPRÄSIDENT!

itte mach' die Freiheitlichen
beraler.
JETZT, WO MAN VON DEN KZ'S WEISS, USS MAN SCHON KRITISCH GEN: GANZ EINWANDFREI VAR DAS NICHT!
TJA, ER WAR SCHON EIN BISSERL EIN LAUSER, DER FÜHRER!
Bitte lasse dem Herrn Bundes= kanzler eine kleinere Nase wachsen, damit ihn die Leute nicht mehr „Nasenbär" nennen.
lach', daß auch die chlimmsten Weinpantscher ewischt werden.
6: Und bring dem Herrn Dr. Scrinzi bitte eine schöne Puppe, damit er was zum Spielen hat, falls er doch nicht Bundes= präsident werden sollte.
Danke! Dein Manfred.

Waren es 1985 die Weinpantscher, die von sich reden machten, so sind es Anfang 1986 die Bäcker: In einigen Fällen finden sich tote Mäuse im Gebäck.

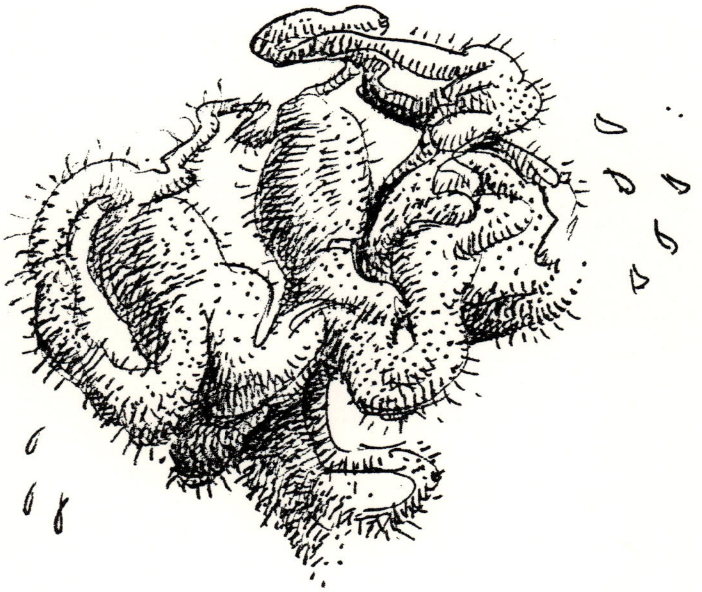

PEIX

Der Wiener Opernball –
nach wie vor ein Treffpunkt für junge Menschen,
über die man sich noch freuen kann.

DEIX

Neue Studien beweisen, daß Sex unter alten Menschen häufiger praktiziert wird, als man bisher angenommen hat.

Bin i gut troffen?
Spitze.—
Der alte Sünder, der kennt sich halt aus, gell, sie Schlankel!
Kavalier
enießt
schweigt.

Es wird gestritten, beleidigt
und prozessiert wie nie zuvor.
Deshalb:
Wie beleidigt man seine Mitmenschen,
ohne sich dabei strafbar zu machen?

VERFLIXT UND ZUGENÄHT!! FÜR EINE KLAGE IST DAS GANZE EINE SPUR ZU LITERARISCH!
UND ICH SCHWÖRE IHNEN, DER VOLKSMUND HAT NICHT UNRECHT, WENN ER SAGT: „WIE DIE NASE DES MANNES, SO SEIN JOHANNES!!!"
UNERHÖRT!!!!
DEIX

Die Finanzkrise des Vatikans

Die finanzielle Lage des Vatikans ist laut neuester Bestandsaufnahme alles andere denn rosig; weil es hinten und vorne am nötigen Geld fehlt, erwägt man drastische Sparmaßnahmen, deren Auswirkungen alle zu spüren bekommen werden: der Papst, die Kardinäle und Bischöfe, Prälaten und Äbte, Kapläne und Dorfpfarrer – und nicht zuletzt die Gläubigen.

Personaleinsparungen: Kirchenchor und Organist werden entlassen. Ab jetzt hat der Priester auch für die Musik zu sorgen
Sparsamster Umang auch mit Strom, Gas und Wasser, besonders mit Weihwasser: Zur Taufe tut's auch ein wohldosierter Wasserstrahl
Wegen radikaler Gehaltskürzungen können sich die Prieser nicht einmal mehr ihre eigene Bekleidung leisten: Die Leidtragenden sind die Pfarrersköchinnen
Auch sündteure Weltreisen per Düsenjet sind klarerweise bis auf weiteres gestrichen
PAPA per RIO DE JANEIRO PREGO!!
DEIX

Fußballstar Hans Krankl und Exboxer Hans Orsolics starten ihre Karrieren als Popsänger und beweisen, daß Sport und Kunst einander nicht ausschließen müssen. Deshalb ist also schon sehr bald mit weiteren künstlerischen Aktivitäten der beiden zu rechnen.

FRÜHJAHR 1987: Hans Orsolics präsentiert seine Ölbilder zum ersten Mal in der Öffentlichkeit.
...UND SEIT WANN MALEN SIE, HERR ORSOLICS?
ERSCHT SEID AN HOIBM JOAH, OIDA – A WAUNSINN NORMAL!
ZUM 1. MAL K.O.
JOSSELIN
MEIN ERSTER CHEF
EDDIE PERKINS
ICH
DEIX

Aus der Welt der Wirtschaft

VOEST-Krise, 1. Teil:
Der verstaatlichten Stahlindustrie ginge es nicht so miserabel,
wenn die Manager mehr Kreativität und Mut
zu neuen, intelligenten Produkten besäßen.

Hochwertiges Edelstahl-Toupet für stets gepflegtes Aussehen
Transportabler Swimming-Pool „STAHLBAD" zerlegbar
Rostfreie Stahlblech-Badehaube, wasserfest
Mehrzweck-Leichtmetall-Eistüte ...
..z.B. auch als schicke Mütze verwendbar
VÖEST-Stahlgebiß (unverwüstlich!)
Aluminium-Baumverkleidung (schützt vor saurem Regen, Blattläusen etc.)
10 000 Abfangjäger, aus heimischem Stahl gefertigt, wendig und solide
Manfred Deix

Man schimpft immer über die VÖEST-Manager mit ihren Gehältern und Pensionen, Autos, Villen und Zweitvillen, ihren Schmiergeldern und Schwarzgeldkonten. Dabei stehen ihnen die Arbeiter um nichts nach, wenn es gilt, ein Leben in Saus und Braus zu führen.
Ich fordere daher ebenso strenge Untersuchungen wie gegen die vielgeschmähten Manager: Indizien für Unregelmäßigkeiten gibt es jedenfalls genug – und offene Fragen sowieso:
ERWIN L. UND PAULI B.: Welcher internationale Strohmann bezahlt regelmäßig die Casinospesen der beiden Gießereiarbeiter??
40!
RUDOLF L., Hochofenarbeiter: Welches Spekulationsgeschäft hat ihm soviel Zaster gebracht, daß er sich diesen funkelnagelneuen Herrenpullover zulegen konnte??
KARL M., Kokereiarbeiter: Von welchem seiner Schweizer Konten wurden die Summen für den Ankauf seiner hypermodernen Fußbadeanlage behoben??
HERTA A., Putzfrau: Bei welchem High-Tech-Deal ist dieser leistungsstarke Haartrockner als Provision 'rausgesprungen??
Härteste Bestrafung ist angebracht – – am besten die ohnehin vorgesehenen Entlassungen.

ÖSTER

Sodom und Gomorrha kann man echt vergessen, wenn man weiß, was sich zwischen Bodensee und Neusiedler See so alles tut. Dabei ist der berühmte Klagenfurter Sexsauna-Skandal wirklich nur die Spitze des Eisbergs.

MEKKA DER LE

REICH–

ENSCHAFTEN?

Selbst das einst so biedere Burgenland gleicht einem brodelnden Treibhaus der Lüste, Laster und Leidenschaften. (Kein Wunder – bei diesem Landeshauptmann)

EIN DEM GESCHWINDIGKEITSRAUSCH HOFFNUNGSLOS VERFALLENER MOTORRADFREAK, EWIG DEN SCHÖNEN FRAUEN HINTERHER ?
BRRRNN! BRRRNNN! – PCH! PCH! PCH!! HIER BIN ICH, MÄDELS!
QUACK!
DER TRIEBHAFTESTE LANDESVATER ZWISCHEN BODENSEE UND NEUSIEDLERSEE ??
ODER SCHLICHT UND EINFACH DAS OPFER EINER PLUMPEN VERLEUMDUNGSKAMPAGNE ? – ? – ? – ? – ? – ? – ?

Sex und Geld regieren die Welt. Die burgenländische SPÖ-Funktionärin Ottilie Matysek hat fidelen Umgang. Ein Abt, ein Versicherungsboß und die Söhne eines ÖVP-Exlandeshauptmannes sind in Affären verwickelt, in denen es um viele Millionen geht.

h wo-ich heiße Ruso!
vas fragen?
so gerne jagen!
wir Freundschaft schließen
einen Fuchs erschießen?
Zeigen Sie mir Ihre Büchse, zeig' ich Ihnen 1000 Füchse!
Ich bin die Otti Matysek! Geben Sie mir einen Scheck – oder besser deren zwei! Bin bei jeder Hetz dabei!
Wir zwei, wir sind die Niederl-Buben, und ham a gute Kinderstubn. Es lebe Ruso, unser Spender! Ein „dreifach HOCH" der „BUNDESLÄNDER!!"
DEIX

Was ist das nur für ein Land, in dem sogar Geistliche den Frauen, dem Suff und dem Mammon verfallen? Der Abt und Lebemann Paulus Rappold ist ein typisches Beispiel für die Verweltlichung des Klerus.

GAR NET SO DUMM, DIE ZWEI: PFARRER HAMS IHR'N SOHN STUDIERN LASSEN - UND HEUT' IS ER MILLIONÄR!
DER? DER LACHT HEUT' ALLE AUS - DER LEBT WIE A GOTT IN FRANKREICH!!
Madonna
UP
DOWN
DARF ICH SIE AUF EINEN BECHER WEIN IN MEINE ABTEI EINLADEN, MEINE TOCHTER? DORT KÖNNTE ICH IHNEN MEINEN NEUEN KLINGELBEUTEL ZEIGEN!
ICH HAB' HEUT' WIEDER MIT UNSERM HERRGOTT TELEFONIERT, SCHOBER-MUTTER! ER HAT G'SAGT, ER TÄT' SICH HALT SOOO VIEL FREUEN, WENN'S MIR IHR HÄUSERL ÜBER-SCHREIBEN TÄTEN, WEIL DA HÄTT' ER DANN WENIGSTENS WAS ZUM WOHNEN, WENN ER ZUM JÜNGSTEN GERICHT 'RUNTERKOMMT!
Mein Testament! Es kriegt in aller Stille mein Haus und eine Mille den Garten und den Schmuck der Abt Herr Nepomuk! ....
MARANTJOSEF! DA MUSS I ABER VORHER NOCH NEU AUSMALEN LASSEN!!!

Das Geschäft mit dem Sex blüht,
wohin man auch schaut.

Von Wien ganz zu schweigen:
es wird mehr geküßt als je zuvor –
immer und überall, bei Tag und bei Nacht,
jahrein, jahraus.

CAFE
Manfred Deix

Es ist überall dasselbe – ob in Bauernstube oder Gemeindewohnung: der Dämon Sex ist allgegenwärtig und verwirrt die Menschen.

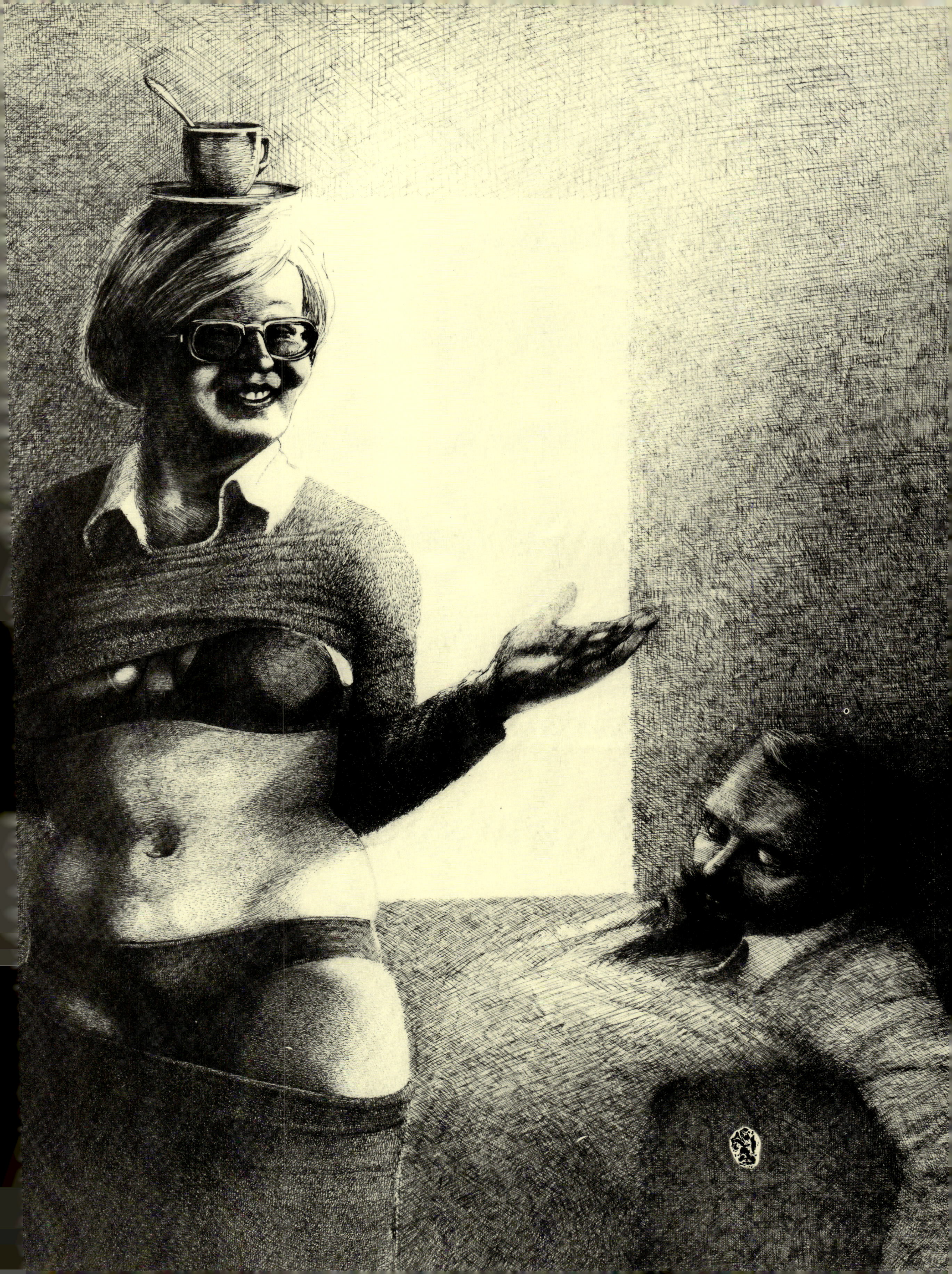

Anstand und Rechtschaffenheit gelten als Werte von gestern.
Wen wundern da die Skandale, die möglicherweise noch auf uns zukommen?

Der WALDHEIM-STEYRER-TV-SKANDAL
(April 86) Anläßlich einer TV-Konfrontation der beiden Präsidentschafts-kandidaten kommt es nach harten Diskussionen zu unerfreulichen Szenen. Die Weltöffentlichkeit registriert den Vorfall mit Befremden.
WALDHEIM NENNT ER SICH, DER WATZLAWIK-KURTL!!!
SIE HAM'S NOTWENDIG, SIE TRIPPERDOKTOR!! PFUI TEUFL!!

Der WIENER SÄNGERKNABEN-SKANDAL (Juli 86)
Während einer Konzerttournee stellt sich heraus, daß die Sänger„knaben" mit ihren Engelsstimmen gar keine Knaben sind. Der Schwindel fliegt auf, als ein Chormitglied in der Eile vergißt, die Uniformhose anzuziehen: alle Welt fühlt sich an der Nase herumgeführt.
Der SINOWATZ-SKANDAL
(Oktober 86) Intime Sinowatz-Fotos gelangen an die Öffentlichkeit und gehen durch die internationale Presse: und wieder einmal erntet Österreich weltweites Kopfschütteln.

Die Bundespräsidentschaftswahl 1986 steht ins Haus.
Die Parteien betonen die besonderen Qualitäten ihrer Kandidaten.

„Der Kurti ist der netteste Mensch auf Gottes Erdboden“

(Rudolf Kirchschläger)

DR. KURT STEYRER

Der Kandidat der ÖVP, Kurt Waldheim, wird von seiner Vergangenheit eingeholt.

DU BIST SCHULD, WENN I SPÄTER AMAL SCHWIERIGKEITEN KRIEG, DU SAUBLÖDES VIECH!

WAAAS? ICH SOLL
DER WALDEIM SEIN?
DIES' BILD MUSS EINE FÄLSCHUNG SEIN!
DER WALDHEIM TRÄGT DIE HOSE LÄNGER!
– VIELLEICHT BIN ICH SEIN DOPPELGÄNGER!
HALT! MOMENT – JETZT FÄLLT'S MIR EIN:
ICH MUSS SEIN ZWILLINGSBRUDER SEIN!!
MIT DEM NS-STUDENTENBUND
LEBTE ICH IM UNTERGRUND.
ICH BIN JETZT
WIEDER AUFGETAUCHT,
WEIL DEUTSCHLAND
KLUGE KÖPFE BRAUCHT.
AUF KURTL
KANN MAN DA NICHT BAUEN:
ER GENIESST NICHT
MEIN VERTRAUEN!
WIR SEH'N UNS ÄHNLICH
IM GESICHT,
JEDOCH DER KURT,
DER BIN ICH NICHT.

NACH SPORT UND SPIEL STEHT MIR DER SINN
WEIL ICH SO UNPOLITISCH BIN!
GIBT'S SCHÖN'RES, ALS IN JUGENDTAGEN
DEN SCHMETTERLINGEN NACHZUJAGEN?
MIT GLEICHGESINNTEN JUNGEN LEUTEN
JAGDTROPHÄEN ZU ERBEUTEN?
SO HARMLOS IST DER REITVEREIN,
DRUM WILL ICH AUCH SEIN MITGLIED SEIN
UND TRET' DER REITERSTAFFEL BEI,
DENN DA GIBT'S JUX UND TOLLEREI!

ICH BIN DER KURT AUS ÖSTERREICH!
FÜR MICH SIND ALLE MENSCHEN GLEICH.
DER RUSS' HAT MICH AM FUSS VERLETZT,
DRUM BIN EIN DOLMETSCH ICH AB JETZT:
„O SOLE MIO!" „CELENTANO!"
„C'EST LA VIE!" „JE T'AIME!" „TI AMO!"
„I LOVE YOU BABY." „OH LA LA!"
ICH BIN AB JETZT FÜR EUCH
STETS DA –
UND LERNEN
WIR UNS
NÄHER KENNEN,
DÜRFT IHR MICH
OSTMARK-KURTI
NENNEN!

GRÜSS EUCH GOTT, IHR PARTISANEN!
NUN, IHR WERDET SICHER AHNEN,
DASS ICH EUCH VERNEHMEN MUSS.
NUR DREI FRAGEN, DANN IST SCHLUSS:
SAGT AN: MÖGT IHR DIE NAZIS LEIDEN?
WENN NICHT, VERZEIHE ICH EUCH BEIDEN.
TRACHTET IHR MIR NACH DEM LEBEN?
JA? – NUN GUT, EUCH SEI VERGEBEN.
UND JETZT EIN SCHNÄPSCHEN – ODER BIER?
ES LEBE TITO! GRÜSST IHN MIR!
HALT! IHR MÜSST MIR
WAS VERSPRECHEN:
HÜTET EUCH VOR
KRIEGSVERBRECHEN!

WO FAHR'N DENN ALL DIE LEUTE HIN?
VON SALONIKI – INS TESSIN??
ZUM ANGELN AN DES MEERES BUCHTEN?
ZUM KLETTERN IN DIE ANDENSCHLUCHTEN?
ZUR BÄRENHATZ NACH KANADA? – –
ICH HAB'S: DIE FAHR'N NACH IBIZA!!
ODER ETWA IN DIE TROPEN
ZU NEGERN. ZEBRAS, ANTILOPEN?
NACH TRINIDAD? AUF DIE KOMOREN?
UM DORT VIELLEICHT NACH ÖL ZU BOHREN?
ODER AN DIE SÜDSEEKÜSTE?
HERRGOTT, WENN ICH DAS NUR WÜSSTE!!

ICH WAR JA ÜBER NICHTS IM BILDE
UND FÜHRTE NIEMALS WAS IM SCHILDE.
HAB' KEINEM WAS ZU LEID GETAN
– SOWEIT ICH MICH ERINNERN KANN!
DER BALKAN ???
IST MIR UNBEKANNT!
WO LIEGT DENN
DIESES FREMDE LAND?
ES MUSS MIR WOHL
ENTFALLEN SEIN.....
..ACH GOTT! JETZT FÄLLT'S MIR
WIEDER EIN!
DAS ALTER HAT SO
SEINE TÜCKEN– – –
SIE WISSEN JA:
GEDÄCHTNISLÜCKEN!
SIE!! SCHAUN'S MICH NICHT
SO FORSCHEND AN!
ICH HAB' NUR
MEINE PFLICHT GETAN
UND WAR KORREKT
IN JENEN TAGEN!
DA KÖNNEN'S
MEINE GATTIN FRAGEN.
DEIX

Die Zeitungen jammern über den schlechten Ton,
der im Wahlkampf herrscht.
Dabei wäre eine Steigerung durchaus noch vorstellbar.

EINE UNVERSCHÄMTHEIT SONDERGLEICHEN! NA WARTEN'S NUR, SIE FETTER KROWOD!!!
REITEN'S AM BESTEN GLEICH ZUM ISRAEL SINGER, SIEBSUFF!!

GIB'S IHM, DEM HEIDNISCHEN HUND!
GEHN'S, HERR TRIPPERPRÄSIDENT, I HOB DO A WIMMERL AM ORSCH – DAS IS DOCH EH IHR SPEZIALGEBIET, ODER?
GENAU!!
WISSEN'S WOS? GEHN'S LIEBER ZU AN NOSN- UND OHRENORZT UND LOSSN'S IHNEN OPERIERN, SIE OHRWASCHLKAKTUS!
KUMM, KURTL, VERGISS' DOCH DIESE SCHNEEBRUNZER!

Chancenlose Bewerber für das Amt des Bundespräsidenten.

RAIMUND SCHMALVOGL, 34, selbständig
Er ist seit seiner Volksschulzeit für den Weltfrieden und genießt seither das uneingeschränkte Vertrauen seiner Bekannten und Verwandten. Er hat 1939 nicht einen einzigen Tag der Reiterstaffel der Roten Falken angehört. Hobbys: Weltreisen, Staatsbesuche, Repräsentieren.

HEIDE PETROVSKY, 49, Pädagogin
Sie tritt seit frühester Jugend für das Gute ein und ist kompromißlos gegen das Schlechte. Sie war nie Mitglied der „Frauen für den Atomkrieg“ und hat nachweislich nie als Nackttänzerin gearbeitet. Hobbys: Töpfern, Batiken, frische Luft, reines Wasser.

WALTER WUZY, 56, Heiratsschwindler
Er ist leidenschaftlicher Österreicher und Autor des Buches „Die Bärenstellung — Für und Wider". Er war niemals Mitglied des BDM. Er hat größtes Verständnis für die heutige Jugend, besonders für die weibliche, und sagt auch zu einem guten Glaserl Wein nicht nein. Hobbys: Flirten, Heiraten, Beischlaf, Scheidungen.

HERMANN STANGL, 66, Hausherr und Seidenfabrikant
Er hat sich zeitlebens kein X für ein U vormachen lassen und würde als Bundespräsident mit irgendwelchen Negerhäuptlingen Klartext reden. Außerdem ist aktenkundig, daß er zwischen 1939 und 1945 niemals Mitglied einer rassischen Minderheit gewesen ist. Hobbys: geheim.

Mai 1986: Der neue österreichische Bundespräsident heißt Dr. Kurt Waldheim. Bundeskanzler Dr. Fred Sinowatz tritt zurück, sein Nachfolger wird Dr. Franz Vranitzky.

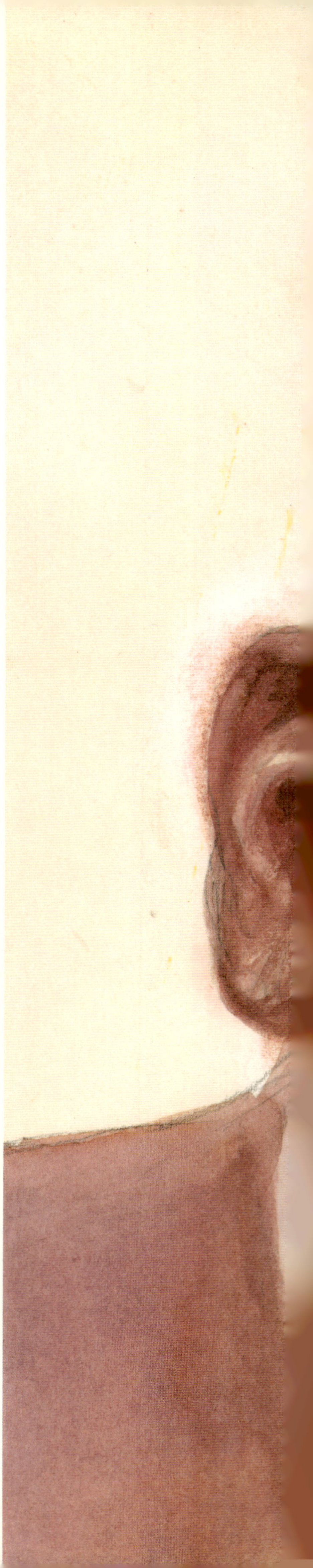

Zwölf Gründe, warum sich die Wähler für Waldheim entschieden haben:

Weil die Großen der Welt auf seinen Rat hören.

Weil er ein großartiger Reiter und Tierfreund ist.

Weil er die Angriffe der internationalen Presse souverän überstanden hat.

Weil er praktizierender Katholik ist.

Weil er nie nachtragend war (hier mit zwei ehemaligen Partisanen, Mirko und Drago)

Weil er auch den Kontakt zu gesellschaftlichen Randgruppen nie gescheut hat.

Weil er sogar den amerikanischen Juden verziehen hat.

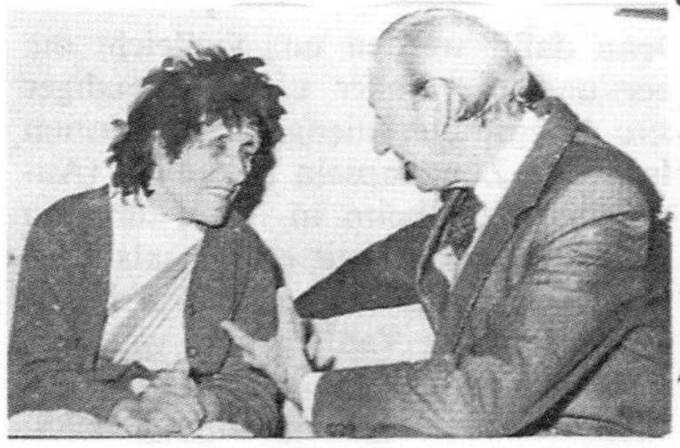
◀ Weil er sich für die Probleme der Jugendlichen interessiert (hier mit Keith Richards von den ROLLING STONES)

◀ Weil er weltmännisch und sprachgewandt ist

Weil er – viel früher als Falco – modisch orientiert war.

Weil er an einer schweren Kopfkrankheit leidet (→ Gedächtnisschwund)...

...und weil er trotzdem ein durch und durch optimistischer Mensch geblieben ist. – – –

Das weltweit negative Echo auf Waldheims Wahlsieg ist gewaltig und trifft die verdatterten Österreicher wie ein Blitz aus heiterem Himmel. Was besonders wehtut: Viele Touristen meiden von nun an Österreich.

„Die Österreicher – Nazis und Antisemiten?“

Die vor kurzem im SPIEGEL erschienene Titelgeschichte über den angeblichen „stillen Faschismus“ Österreichs und unsere „Probleme“ mit der Vergangenheitsbewältigung kann und soll nicht unwidersprochen bleiben. Es stimmt schon: es sind unerfreuliche Dinge passiert in jener Zeit, ganz ohne Zweifel – und die gilt es schonungslos aufzuarbeiten. Außerdem haben wir Österreicher nie bestritten, daß Hitler ein gestandener Nazi war und zufällig in einer kleinen Grenzstadt nahe Bayern geboren wurde. All das ist uns wohl bewußt – aber auch, daß er sich mit seinen abstrusen Ideen bei uns schon sehr früh kalte Füße geholt hat und erst in Deutschland (!!) seinen politischen Durchbruch schaffte – in jenem Land also, dessen Medien uns jetzt so vehement zu Erznazis und Vergangenheitsverdrängern stempeln.
Der SPIEGEL hat wohlweislich jenes Fotomaterial nicht veröffentlicht, das uns und unsere jüngere Vergangenheit in einem völlig anderen Licht erscheinen läßt – Bilder nämlich, die eindeutig belegen, daß wir uns für dieses Kapitel unserer Geschichte nicht sonderlich zu schämen brauchen: eher im Gegenteil.

▼ Wien, 1913: Im Strandbad Gänsehäufl äußert sich Hitler abfällig über die Juden. Ein erboster Wiener macht daraufhin kurzen Prozess mit ihm (links: Hitler am Boden mit Badehose).

Als ruchbar wird, daß Hitler Antisemit ist, richtet sich bald der Volkszorn gegen ihn. (Bild links: Hitler flieht vor empörten Wienern ins Männerheim Meldemannstraße) ◄

► Die Flucht währt nicht lange, weil er schnurstracks seinen Verfolgern in die Arme läuft.

◄ Er bezieht eine ordentliche Tracht Prügel. – Wien atmet auf.

► Die Wiener, schon lange Hitlers überdrüssig, sperren ihn kurzerhand in eine Kiste und schicken ihn per Bahn außer Landes.

Wien 1938: Als Hitler wiederkommt, suchen abertausende Wiener unter einem Denkmal Schutz und Zuflucht und machen ihrer Empörung Luft.

Einige Heißsporne bereiten ihm und seinen deutschen Truppen einen gebührenden Empfang – so wie er eben Eindringlingen gebührt.

Hitler's „Triumph-Fahrt" durch Österreich gerät zum Desaster: immer wieder ver-
ucht die aufgebrachte Bevölkerung, ihn aus dem Wagen zu zerren und zu lynchen.

Da nützen auch die eindringlichsten Reden nichts.

Wo der angebliche „Führer" auch hinkommt: es ist überall dasselbe – Haß, Hohn, Spott und Gelächter

Hitler leidet sichtlich unter dem Haß, der ihm allerorten entgegenlodert.

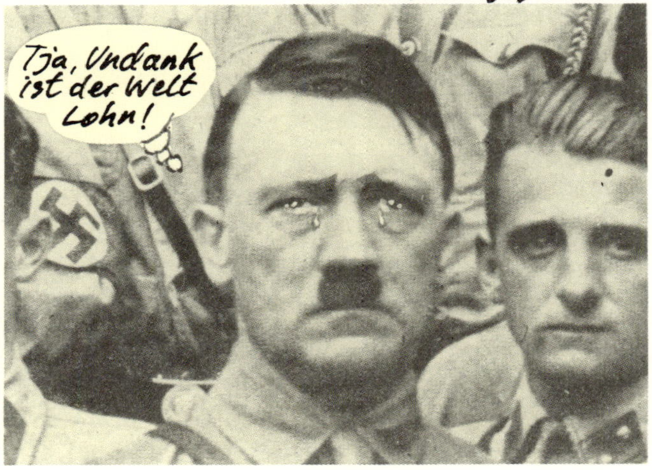

Die paar österreichischen Nazis müssen tatenlos zusehen, wie tausende Exemplare von Hitler's „MEIN KAMPF" und alle seine Aquarelle in einer spontanen Aktion verbrannt werden.

▼ Hitler's Geduld mit den Österreichern geht allmählich zu Ende.

▼ Trotz aller Drohungen Hitler's beweisen die Österreicher Zivilcourage: freiwillige „Bodyguards" schützen jüdische Mitbürger.

▼ Widerstand, wohin man blickt!

▼ Zwei junge Linzer schmuggeln unter Lebensgefahr selbstgebackene Linzertorten zu den Häftlingen des Konzentrationslagers Mauthausen.

▼ Salzburg: Goebbels wird samt Frau und Kind von entschlossenen Österreichern nach Deutschland heimgejag

Beherzte Wiener Bürger fordern einen jungen Nationalsozialisten auf, antisemitische Wandschmierereien zu entfernen.

Wienerinnen helfen ihren jüdischen Freundinnen – gegen alle Verbote – beim Großreinemachen für das Pessach-Fest.

1945: Der Nazispuk ist endlich vorbei: plötzlich steigt die Zahl christlich-jüdischer Eheschließungen explosionsartig an.

Nach den Jahren der Trennung ist es wieder möglich, sich mit den zurückgekehrten jüdischen Freunden zu treffen.

Wien 1986 Flughafen Schwechat: eine jubelnde Menschenmenge erwartet die Ankunft des WORLD JEWISH CONGRESS

Eine Unverschämtheit sondergleichen:
US-Botschafter Lauder schwänzt die Waldheim-Angelobungsfeierlichkeiten.
Offizielle Begründung: ein wichtiger Verwandtenbesuch in Paris.

Also das is ja wirklich die Höhe, was mir da der Lauder aus Frankreich g'schrieben hat:
„PARIS, 8. JULI 1986
BEI IHREM ANGELOBUNGSFEST
DA WÄR' ICH GERN DABEIGEWEST,
NUR HAB' ICH HEUT' GRAD KEINE ZEIT.
ICH SCHWÖR'S: ES TUT MIR HÖLLISCH LEID:
MEIN ONKEL, DER MIR LIEB UND TEUER,
LUD EIN MICH ZUR GEBURTSTAGSFEIER,
UND OMA, DIE SO GERN ICH MAG,
HAT HEUTE IHREN NAMENSTAG.
DRUM MUSSTE ICH NACH FRANKREICH REISEN
UND IHNEN MEINE EHR' ERWEISEN.
FERNER MUSS ICH MIT DEN VETTERN
HEUT' DEN EIFFELTURM ERKLETTERN
UND MIT MEINEN DREI COUSINEN
MUSS ICH NOCH DIE SEINE DURCHSCHWIMMEN.
ICH SCHWÖRE IHNEN STEIN UND BEIN:
ICH WÜRD' SO GERN BEI IHNEN SEIN!
IHR FEST WIRD SICHER WUNDERSCHÖN!
SO LONG, BYE BYE, AUF WIEDERSEHN'!"
So ein Falott! Wie der lügt!!!
Wennst mich fragst, Papa: der verlogene Kerl hat doch nur seine Karriere im Kopf, sonst gar nix!
Unerhört!!! Da hat ja sogar der Russ' mehr Anstand als dieser Parfümtandler!!
Paris
HEЯЯ PЯÄSIDENT!
ICH UЯLAUB MACHEN!
DU NIX SEIN BÖSE!?.
TOWAЯISCH!
EFЯEMOV
PEIX

Keine Ruhe um den neuen Bundespräsidenten:
In Amerika erwägt man sogar ein Einreiseverbot für Kurt Waldheim.
Nun, er wird sich auch in diesem Fall schon irgendwie
zu helfen wissen.

OKAY, MA'AM!
Weste
I ❤ JEWS
Stop Waldheim
DEIX

Der Tag, an dem man erkennen wird, wie Unrecht man Waldheim getan hat, steht unmittelbar bevor.

Endlich: alle Dokumente, die Waldheim belasten, entpuppen sich als Fälschungen. Die Drahtzieher – allesamt aus dem Dunstkreis der SPÖ – werden gottlob dingfest gemacht.

Diese Nachricht geht um die Welt und löst eine Welle der Betroffenheit und des Mitgefühls für den zu Unrecht Verdächtigten aus.

Plötzlich hagelt es Einladungen aus aller Herren Länder: wo immer Waldheim auch hinkommt, jubeln ihm die Menschen zu – vor allem die jungen.

Peking: Deng Xiao Ping junior spendiert Waldheim eine köstliche Frühlingsrolle.

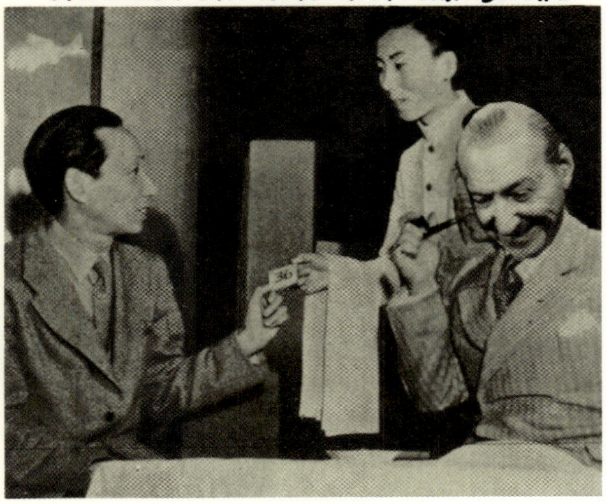

Marokko: Waldheim wird Ehrenbürger von Marrakesch

Waldheim ist Ehrengast bei Ronald Reagan und darf auf dessen Lieblingspferd eine Ehrenrunde drehen

Beate Klarsfeld dringt in die Hofburg ein und beharrt auf einem Versöhnungszungenkuß.

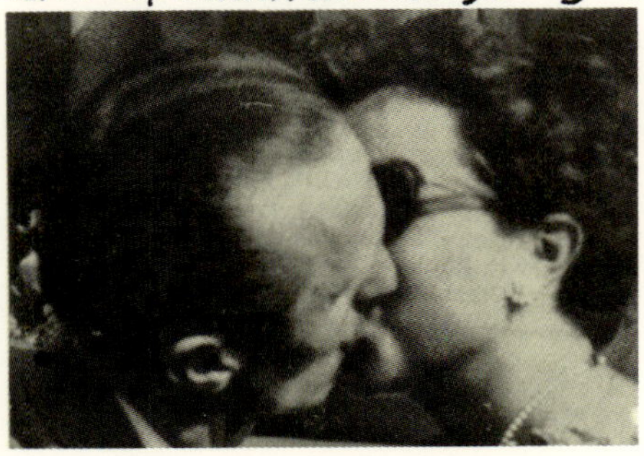

Versöhnung auch mit der SPÖ: aus den einstigen Kontrahenten Waldheim und Steyrer werden echte Freunde

Saloniki: Der griechische Oberrabbiner erzählt Waldheim über die damaligen Judendeportationen

Itzhak Schamir entschuldigt sich für Meir Kahane, der eine österreichische Fahne demonstrativ zerrissen hat.

Exkanzler Sinowatz entschuldigt sich in aller Form.

Wien: Israel Singer nimmt Waldheims Einladung zu einem Praterbummel samt Gondelfahrt gerne an.

Waldheim ist wieder der Mann, dem die Welt blindlings vertraut – mehr noch als je zuvor......

Waldheim hat recht behalten:
Alles, was er so oft beschworen hat, steht heute
bei jungen Menschen wieder ganz hoch im Kurs:
christliche Werte, Sittlichkeit, Leistungswille und
Bescheidenheit.

Sog' ehrlich: Wos gibt's schöneres als Leistung? Wann mir weiter so tüchtig san, dann samma in 30 Johr g'mochte Männer!
Juhuuu!
Komm! Herr Jesus, sei unser Gast, und segne, was Du uns bescheret hast! Im Namen des Vaters und des Sohnes und des Heiligen Geistes, Amen.
Heißer LEBERKÄS 10 dag 16.–
Ich fleh' Dich an, Du süße Maus: ich halt' das Warten nicht mehr aus! Herrgott, wär' das wunderschön, Dir einmal unter's Kleid zu sehn'! Komm' sag mir, was ich tuen muß für einen einz'gen Zungenkuß!
Na und was wollt Ihr denn später einmal werden?
Priester!
Polizist!
Gaskassier!
Berufssoldat!
Ein strebsamer und bescheidener Mensch halt!
Bin zwar jung und hochmodern, aber SOWAS liegt mir fern. Sosehr Dich auch der Hafer sticht: VOR DER EHE geht das nicht!!
Was Du da sagst, stimmt haargenau: bitte werde meine Frau!!!

Es stimmt: Gutes Benehmen ist wieder gefragt.

Eine eherne Regel lautet: ein Kavalier geht niemals ohne Taschentuch außer Haus
Husten ohne vorgehaltene Hand läßt eindeutig auf ungehobeltes Benehmen schließen
Nasenbohren – eine unentschuldbare Entgleisung
Vorsicht vor Übertreibungen – speziell bei galanten Gesten
Die allzu saloppe Körperhaltung beim Sitzen verrät eine ganze Menge über den Charakter eines jungen Menschen
Eine Taktlosigkeit sondergleichen: der klassische Toilettefehler. Er macht den tadellosen und adretten Eindruck jedes Mannes schlagartig zunichte
Das Sprechen mit vollem Mund ist eine weitverbreitete Unsitte, die schon so manche Romanze vorzeitig beendet hat
Hände in den Hosentaschen sind Zeichen einer schlechten Kinderstube
Der absolute Inbegriff rüpelhaften Benehmens muß wohl nicht näher erläutert werden.....
BUT!
DEIX

Auch der Adel kommt wieder in Mode.
Aristokratischer Lebensstil und elitäre Einstellung
werden neu entdeckt.
Klar, daß sich auch lichtscheue Elemente diesen Trend
zunutze machen.

Mein Monokel trügt mich nie:
Gnä'Frau hat Herz, Charme und Esprit!
Gestatten: ich bin Adalbert, Erbprinz Fürst von Güldenschwert.
Und dieser Herr, mein Vetter Claus, stammt ebenfalls aus bestem Haus.
Uns're Burg hat tausend Zinnen, – obgleich der Reichtum längst von hinnen –
verlor'n ist alles Geld und Gut – Ihr wißt ja nicht, wie weh das tut!
Die Zugbrück', unser ganzer Stolz, war einst aus purem Ebenholz!
Futsch sind Szepter, Hermelin; futsch die Krone samt Rubin!!
Und uns're treue Dienerschaft, die hat den Rest an sich gerafft!
Der Rittersaal wird umgebaut für die Prinzessin Edeltraut,
und auch das neue Burgverlies kostet uns 'ne Menge Kies.
Drum, schöne Frau, seid doch so gut:
habt Mitleid mit dem blauen Blut!
Drei, vier Scheine würden reichen,
die ärgsten Schulden zu begleichen!
POLICE
Modern Talking
DEIX

Nein, wie sich die Zeiten ändern!
Sexualwissenschafter Prof. Ernest Bornemann
berichtet über die sexuelle Ahnungslosigkeit der Deutschen
und der Österreicher. Sexualaufklärung ist
also dringend vonnöten. Deshalb hier die wichtigsten sexualtechnischen
Begriffe und deren Bedeutung.

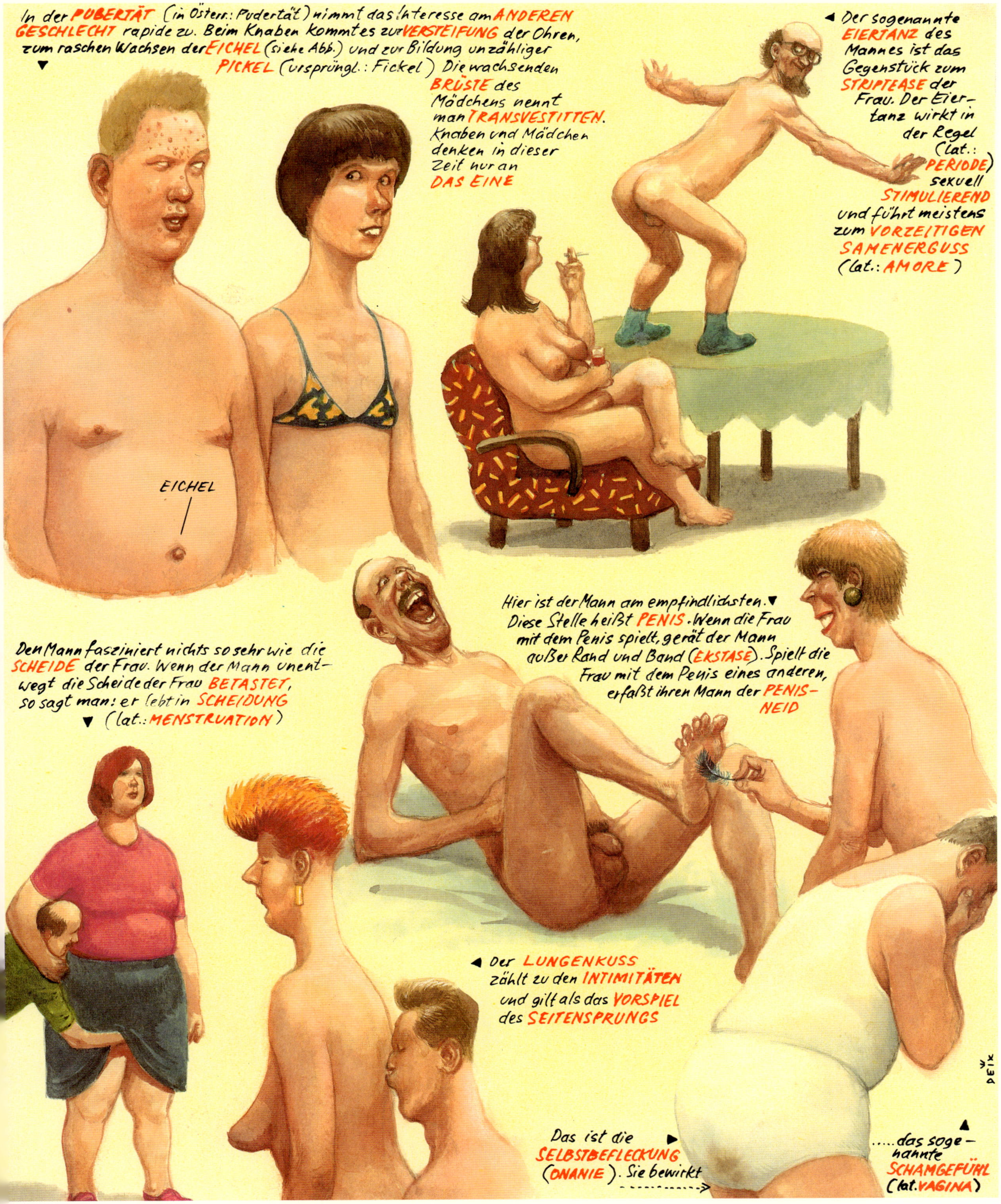
In der PUBERTÄT (in Österr.: Pudertät) nimmt das Interesse am ANDEREN GESCHLECHT rapide zu. Beim Knaben kommt es zur VERSTEIFUNG der Ohren, zum raschen Wachsen der EICHEL (siehe Abb.) und zur Bildung unzähliger PICKEL (ursprüngl.: Fickel) Die wachsenden BRÜSTE des Mädchens nennt man TRANSVESTITTEN. Knaben und Mädchen denken in dieser Zeit nur an DAS EINE
EICHEL
Der sogenannte EIERTANZ des Mannes ist das Gegenstück zum STRIPTEASE der Frau. Der Eiertanz wirkt in der Regel (lat.: PERIODE) sexuell STIMULIEREND und führt meistens zum VORZEITIGEN SAMENERGUSS (lat.: AMORE)
Den Mann fasziniert nichts so sehr wie die SCHEIDE der Frau. Wenn der Mann unentwegt die Scheide der Frau BETASTET, so sagt man: er lebt in SCHEIDUNG (lat.: MENSTRUATION)
Hier ist der Mann am empfindlichsten. Diese Stelle heißt PENIS. Wenn die Frau mit dem Penis spielt, gerät der Mann außer Rand und Band (EKSTASE). Spielt die Frau mit dem Penis eines anderen, erfaßt ihren Mann der PENISNEID
Der LUNGENKUSS zählt zu den INTIMITÄTEN und gilt als das VORSPIEL des SEITENSPRUNGS
Das ist die SELBSTBEFLECKUNG (ONANIE). Sie bewirkt
.....das sogenannte SCHAMGEFÜHL (lat. VAGINA)
DEIX

Alles ändert sich, nur nicht die Einstellung zum Fetisch Auto.

DEIX

Der Fluch der Technik.

Ein Reaktorunfall im russischen Kernkraftwerk Tschernobyl verseucht ganz Europa mit radioaktivem Niederschlag. Liebgewordene Gewohnheiten können von nun an gefährlich werden.

Kindern und werdenden Müttern ist das Essen von Sand dringend abzuraten.
Allzu intensiver Kontakt mit Haustieren kann schädlich sein.
Straßenschuhe bedürfen nach wie vor gründlichster Reinigung.
HAM HAM!
Der übermäßige Genuß von Regenwasser kann Ihre Gesundheit ernstlich gefährden.
DEIX

Angesichts des radioaktiven Tschernobyl-Abfalls ist die Sorglosigkeit mancher Menschen geradezu beängstigend.

Ich wälze mich so gern im Gras – das macht mir einen Heidenspaß!
Und ich küß' häufig Bello's Mund, denn er ist mein Lieblingshund!
Ich trink' auch gerne Regenwasser, denn es schmeckt ein bißchen nasser. Woll'n Sie von meiner Gurke naschen?
Und ob! – Ist sie auch ungewaschen?
Vielleicht ein Becher Milch dazu? Mit Garantie – frisch von der Kuh! Haben Sie die Russen lieb?
Ja, Sie alter Herzensdieb!
Ich bin ein frohgemutes Kind, schlag' jede Warnung in den Wind: trotz allem dreht die Welt sich weiter! Mit Sand zu spielen stimmt mich heiter!
DEIX

Die Luft im Raum Linz war schon vor Tschernobyl extrem schadstoffhältig. Die häufigsten Folgen sind Haut- und Lungenerkrankungen.

Deix

Tschernobyl hat viele Auswirkungen. Man wird später einmal froh sein können, „nur" mißgebildet davongekommen zu sein.

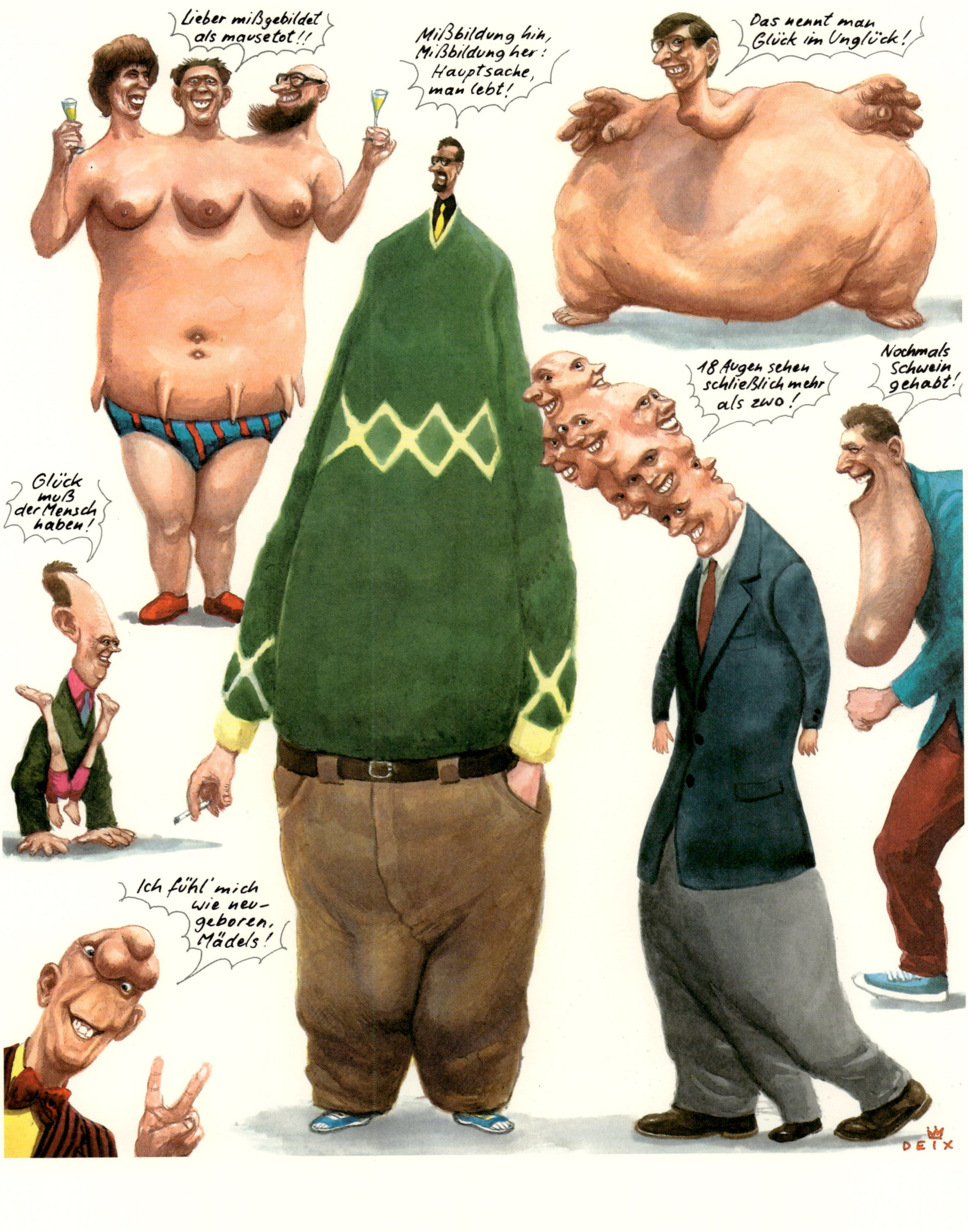
Lieber mißgebildet als mausetot!!
Mißbildung hin, Mißbildung her: Hauptsache, man lebt!
Das nennt man Glück im Unglück!
Nochmals Schwein gehabt!
18 Augen sehen schließlich mehr als zwo!
Glück muß der Mensch haben!
Ich fühl' mich wie neugeboren, Mädels!
DEIX

SYLT Zu einem Nudistenzwist mit unabsehbaren Folgen wäre es vergangenes Wochenende in Kampen gekommen. Letztlich hat aber doch die Vernunft gesiegt. – Zwei Nudisten, Herbert L. und Georg H., waren aus nichtigem Anlaß derart aneinandergeraten, so daß bereits mit Tätlichkeiten zu rechnen war – wäre es nicht im allerletzten Augenblick doch noch zur Versöhnung gekommen. Die beiden Heißsporne nachher erleichtert: „Das ist ja nochmals gut gegangen!"
KÖLN Lügen haben kurze Beine. Um diese Erfahrung reicher ist die vor kurzem festgenommene Gewohnheitsbetrügerin Hildegard HACH aus Köln. Die 45-Jährige hatte sich seit Monaten als Fürstin Gloria von Thurn und Taxis ausgegeben und ein Leben in Saus und Braus geführt. Der Schwindel flog auf, als „Ihre Hoheit" prahlte, Ihr Gemahl verdiene eine „Schweinekohle", weil seine Vorfahren das Briefkuvert (!) erfunden hätten. – Tja, so nicht, Frau Hach!
BREMEN Als Kind war der 25-jährige Bremer Matrose Jörg Jull wegen seiner ungewöhnlich stark entwickelten Hoden das Gespött seiner Mitschüler. Denen dürfte allerdings das Lachen vergangen sein, denn seit ihn Rainer Werner Faßbinder 1978 für das Matrosenepos „Runter von der Reling!" vom Fleck weg engagierte, ging es mit Jörg steil nach oben. „Seither hab' ich in jedem Hafen zehn Mädchen, von Sansibar bis Murmansk!" lacht Jörg, der heute wieder als hochbezahlter Maat zur See fährt. – Wer zuletzt lacht, lacht eben am besten.
ULM „Warum eigentlich nicht?" dachten die beiden Brüder Kai und Uwe Bussenfieck aus Berlin und bewarben sich um die Teilnahme am FREDDIE MERCURY-Doppelgängerwettbewerb 1986 in Ulm. „Ein Platz unter den ersten hundert müßte schon drinnen sein" geben sich die Brüder bescheiden. Zu wünschen wär's ihnen ja, den sympathischen Jungs aus der geteilten Stadt. – Na denn: TOI, TOI, TOI!
DEIX

Arbeitsfreud' – Arbeitsleid.

Stewardessen werden wegen ihres angeblichen Traumjobs häufig beneidet. – Wie die Kehrseite aussieht wissen allerdings nur wenige.

„ÜBER DEN WOLKEN SOLL DOCH DIE FREIHEIT ANGEBLICH GRENZENLOS SEIN, GNÄDIGSTE!"

„HE, STEWARDESS! – ICH FINDE, VON HIER OBEN SIEHT DA UNTEN ALLES BLOSS WIE SPIELZEUG AUS!!"

Beruf: Musiker.

Das deutsche Erfolgsduo MODERN TALKING beweist, daß man auch ohne Talent hochberühmt und steinreich werden kann.

TALKING
MODERN TALKING
Modern Talking
MÄRCHEN FÜR MÄDCHEN
BIXI UND BUXI
GESCHICHTEN FÜR UNREIFE MENSCHEN
KASPERLE
max und Moritz

Gottlob entdecken immer mehr junge Menschen die Schönheit von Marienliedern. Der Nachfolger von Kardinal König, Marienverehrer Hermann Groer, ist ein Garant dafür, daß eine Jugend heranwächst, auf die man wieder mit Fug und Recht stolz sein kann.

Oh Du brave Himmel-mutter
Jugendclub JESUSKNABE
8. JUGEND-WALLFAHRT ZUR GNADENMUTTER
Geh! Martin, borg' mir bitte deinen Rosenkranz!
I bin schon sooo nervös, weil i heute zum ersten Mal den Gnaden-altar seh'!
MONSIGNORE DEIX

SIE GESTATTEN, JUNGER MANN?
SOUWIESOU!!
Opus

Einen alten Traum hat sich Herr D. mit seiner New-York-Reise erfüllt: „Ich finde es ganz großartig hier!", schwärmt er. – Das können wir Ihnen nachfühlen, Herr D.!

André Heller incognito – im Kreise seiner Verehrerinnen. Das Bild schickte uns Wien-urlauber S., der den sensiblen Künstler auf Anhieb erkannte.

Herr R. beim heurigen Klassentreffen in Kiel: „Das gab natürlich ein Riesenhallo, als wir uns alle wieder sahen", schreibt er.

„Ich möchte endlich urlauben, ohne Autogramme zu schreiben", gestand uns Boris Becker und sandte uns das nebenstehende Bild. Danke, Boris!

„Zu Hause ist es doch am schönsten", meint der Nackttänzer und Tempo-leser R. und sandte uns dieses hübsche Selbstauslöserphoto.

MODERN TALKING – ja oder nein? „Ja doch", behauptet Leser F., dem dieser angebliche Schnappschuß des Erfolgsduos bei einem Schwarzwaldurlaub gelungen sein will.

Ein Leser urlaubte auf Kuba – und bekam prompt Fidel Castro vor die Linse – in Begleitung einer rassigen Senora, versteht sich!

Im Herbst 1986 kommt es zu einem
Führungswechsel in der FPÖ.
Beim Parteitag in Innsbruck löst Jörg Haider
Norbert Steger ab, über dessen Vergasung oder Erschießung
man sich noch nicht ganz einig ist.

Liberaler
DEIX

Auch das Sexualverhalten der Österreicher ändert sich bedenklich. Studiert man einschlägige Kontaktinserate, kommt man zu einem traurigen Schluß: Der Trend geht eindeutig in Richtung Sado-Maso.

THOMAS, GEH' IN DIE KÜCHE UND SAG' DER MAMA, SIE SOLL SCHNELL ZUM PAPA INS SCHLAFZIMMER KOMMEN!
NOCH A BISSL FESTER, KURTI?
JAAAAAA
TUTU MAMA WIEDER PEITSCHI PEITSCHI?
SCHAUN'S, HERR ARCHITEKT: GENAU DO, WO JETZT DES SPEISKAMMERL IS, DO HÄTTN MEI GATTIN UND I GERN DE STRENGE KAMMER!
DEIX

Dennoch:
Trotz aller Krisen, Skandale und Fehlentwicklungen hat Österreich gute Chancen für die Zukunft.
Unsere jungen Menschen geben Anlaß zu berechtigtem Optimismus.

Reinhard aus Villach

Hansjürgen und Michaela aus Dornbirn

Hannes aus Bruck an der Mur

Thomas und Petra aus Wels

E N D E

DEIX

*„Na, und wie hat's
Ihnen gefallen,
das neue
Deix-Buch?"*

„Einmalig, wirklich einmalig!
Der Mensch kann was!"

EIN GESPRÄCH MIT MANFRED DEIX

geführt von DANFRED MEIX

am 9. Oktober 1986

Vor drei Jahren, irgendwann im Sommer 1983, war ich zuletzt bei Manfred Deix zu Gast, um für sein Buch „Cartoons de Luxe" ein Interview mit ihm zu machen. Es war einigermaßen leicht, mit dem stets ausgebuchten Zeichner einen Termin auszuhandeln und diesen auch zu bekommen. Seither sind drei Jahre vergangen. Ich habe mich diesmal wohlweislich schon ein halbes Jahr vorher bei ihm angemeldet – und das war gut so. Seine Terminprobleme haben sich seit 1983 vervielfacht: er hetzt von Interview zu Interview, von Referat zu Referat, von Ausstellung zu Ausstellung, von Party zu Party. Ehrlich gesagt: ich möchte nicht in seiner Haut stecken, und sei sie noch so berühmt und prominent.

Auch sonst hat sich seit meinem letzten Besuch einiges verändert: der Kiesweg, der durch den Vorgarten nach hinten zur schattig gelegenen Villa führt, ist nur mehr schwer zu passieren. Pompöse Limousinen versperren mir fast den Weg. Ich schlängle mich durch den Deixschen Wagenpark, vorbei an Auto putzenden Hausangestellen, die mich argwöhnisch mustern, vorbei am alten, freundlichen Gärtner, der im englischen Rasen kauert und mit der Schere die Halme stutzt, und schließlich vorbei an den wortkargen Bodyguards, die den Treppenaufgang zur Terrasse absichern. „Was ist nur aus jener Idylle geworden", denke ich mir, als ich das leise Surren einer Videokamera vernehme, die – oberhalb des Säulenportals – starr auf mich gerichtet ist.

Meine Visitenkarte, die ich einer dunklen Schönheit in aufregend geschnittenem Tanga und durchsichtiger Livree überreiche, scheint Wunder zu wirken. Es vergehen keine drei Minuten, und mir steht ein bärtiger, schlanker Mann gegenüber, der nur mehr vage jenem Manfred Deix ähnlich sieht, den ich vor drei Jahren ebenhier interviewt habe: Ich bin perplex. Er lacht: „Sie sehen schon richtig: ich bin es!" Ich traue meinen Augen und meinen Ohren nicht mehr. Seine Stimme ist noch tiefer geworden, aus seinem Hemd wuchert die Brustbehaarung noch üppiger als 1983, und sein Handschlag ist noch fester geworden. Das ungewohnt schmale Gesicht ist um etwa ein Dutzend Lachfalten reicher, und sie stehen ihm gut, das muß ihm der Neid lassen. „Einen Drink?" fragt er, und ich wäre ein unverschämter Lügner, würde ich mit „Nein" antworten. Er lotst mich durch das schloßartige Gebäude wie damals anno '83. Marmorhalle, Dienstbotentrakt, endlose, mit Bildern gepflasterte Gänge. Endlich der Arbeitstrakt. – Das einzige, was gleichgeblieben ist, sind die weitläufigen Ateliers. Nach wie vor Bilder und Skizzen fein säuberlich gerahmt an den weißen Wänden, die Tische nach wie vor übersät mit Notizblättern, Aktstudien und flüchtig hingeworfenen Entwürfen. Der Magnolienbaum, vor drei Jahren vor dem riesigen Atelierfenster gepflanzt, hat sich ebenfalls verändert. Seine inzwischen ausladenden Äste werfen gesprenkelte Schatten auf den alabasterfarbenen Tisch, an dem unser Interview schließlich stattfindet.

D. Meix: „Es ist genau drei Jahre her, daß ich Sie zuletzt besucht habe. Was hat sich für Sie seither geändert?"

M. Deix: „Alles, mein Freund, alles."

D. Meix: „Wie darf ich das verstehen?"

M. Deix: „So wie ich es gesagt habe. Es hat sich alles geändert, leider und Gott sei Dank."

D. Meix: „Warum ‚leider'?"

M. Deix: „Weil ich nicht nur um drei Jahre reifer, sondern auch um drei Jahre älter geworden bin. That's a fact!"

D. Meix: „Und warum ‚Gott sei Dank'?"

M. Deix: „Darüber möchte ich hier nicht sprechen! Ich hoffe auf Ihr Verständnis als Mensch."

D. Meix: „Ehrensache. – Was mir auffällt: seit unserem letzten Gespräch ist hier einiges anders geworden."

M. Deix: „Richtig! Ohne Veränderung kein Fortschritt – heißt es doch so schön!"

D. Meix: „Ich meine aber Veränderungen, wie z. B. der aufgestockte Personalstand, die neuen teuren Autos, die neuen Gobelins an den Wänden, Ihre neuen Kleider, neue Schuhe etc., etc. . . ."

M. Deix: „Ach, Sie meinen meine neuen Mokassins? Sie, die habe ich vor zwei Jahren auf Honolulu gekauft – von neu also keine Spur. Nicht der Rede wert."

D. Meix: „Auch Ihr Aussehen hat sich verändert. Vor drei Jahren saß ich einem breitschultrigen, muskelbepackten – um nicht zu sagen grobschlächtigen – Zeichner gegenüber. Heute sind Sie ein Schatten Ihrer selbst: hohlwangig, drahtig, fast mager. Wie erklären Sie mir und all Ihren Fans diese Tatsache?"

M. Deix: „Tja, da muß ich leider passen – ich kann nur Vermutungen anstellen!"

D. Meix: „Und die lauten?"

M. Deix: „Viel zuviel Arbeit, viel zuviel Sex, viel zuviel gesunde Ernährung und zuwenig Alkohol."

D. Meix: „Zuviel Sex – damit haben Sie mir das Stichwort geliefert, um endlich auf Ihr neues Buch zu sprechen zu kommen: Es fällt auf, daß es wesentlich dicker ausgefallen ist als alle bisher erschienenen Deix-Bücher. Was haben Sie dazu zu sagen?"

M. Deix: „Hören Sie zu: mein Buch ist dicker geworden, und ich bin dünner geworden – what more should I tell you? Daran ist doch bei Gott nichts Verwerfliches!"

D. Meix: „Sei's drum. Nun die nächste Frage: Der Preis des Buches ist diesmal verblüffend niedrig angesetzt. Wollen Sie damit a) das Buch auch für die finanziell Schwächeren erschwinglich machen, oder b) schielen Sie bloß nach höheren Verkaufsziffern?"

M. Deix: „Verzeihen Sie, aber diese Frage ist einfach töricht. Na, selbstverständlich habe ich bei der Preisgebarung zuallererst an die Unterprivilegierten und an soziale Randschichten gedacht: an Mindestrentner und Bedürftige, an Schüler und Studenten ebenso wie an Frauen und Kinder und Kleingewerbetreibende, an die Alten und Gebrechlichen, an die Kranken und die Schwächlichen, die Stabilen und Zerbrechlichen, die Schönen und die Häßlichen, die Flotten und die Lässigen – kurzum, ich will ein möglichst breites gesellschaftliches Spektrum abdecken und . . ."

D. Meix: „Schon gut, ich habe verstanden. Interessant an Ihrem Machwerk ist unter anderem, daß Sie sich in steigendem Maße auch als Dichter und Verseschmied versuchen. Deix – nicht nur Satiriker, Zeichner und Maler – neuerdings auch Dichter und Denker?"

M. Deix: „Neuerdings? Daß ich nicht lache! Hören Sie: wie nur die allerwenigsten wissen, verfüge ich zusätzlich über eine Reihe anderer Begabungen. Eigenlob ist mir zuwider, aber es muß einmal auf den Tisch. In jungen Jahren galt ich wegen meiner künstlerischen und sportlichen Talente als Wunderkind ersten Ranges. Bei den Jugendmeisterschaften im Sackhüpfen anno 1963 in Oslo habe ich einen schönen zweiten Platz für Österreich errungen, und auch im Maibaumklettern war ich immer für Überraschungen gut. Bei den Pfadfinder-Europameisterschaften '65 war ich es, der die meisten Pfade gefunden hat. Oder nehmen Sie meine Gymnasialzeit! Ich habe sie im Rekordtempo hinter mich gebracht und sogar mit Auszeichnung masturbiert. Und haben Sie je vom Schauspieler Deix gehört? Nun, meine Darstellung des ‚Erlkönigs' im Stadttheater von Pforzheim hat damals wie eine Bombe eingeschlagen – sehen Sie, junger Freund, all das weiß doch heute kein Schwanz mehr!"

D. Meix: „Schön und gut, aber wann haben Sie Ihre dichterische Ader entdeckt?"

M. Deix: „Sie lassen nicht locker, und das gefällt mir an Ihnen! Also: ich habe mich von frühester Jugend an mit Dichtkunst beschäftigt. Die Gedichte eines Lambert Löffelmann, eines Hansjörg Hundling, einer Bertha Bussenfiek habe ich regelrecht verschlungen, in mich aufgesogen. Mein erstes eigenes Gedicht habe ich dann anläßlich des Vatertages 1956 als Siebenjähriger verfaßt."

D. Meix: „Als Siebenjähriger? Ist ja sensationell! Darf man um ein Kostpröbchen bitten?"

M. Deix: „Meinetwegen – aber steinigen Sie mich bitte nicht, wenn ich es nur mehr bruchstückweise . . ."

D. Meix: „Aber ich bitte Sie, das macht doch nichts!"

M. Deix: „Nun denn. Es lautet:

VATERTAG
Heute ist der Vatertag,
und weil ich Dich gut leiden mag,
bitte ich Dich, lieber Vater,
feiern wir im Wurstelprater!
Wir ziehn das schönste Röcklein an
und fahren mit der Hochschaubahn.
Dann laß uns auf den Ponys reiten
und naschen all die Köstlichkeiten:
Heiße Würstel, Bier und Wein
sollen unsre Nahrung sein,
Čevapčići und Süßigkeiten
werden uns viel Spaß bereiten.
Nach Riesenrad und Geisterbahn
lachen wir uns Dirnen an.
Laß uns Unkeuschheiten treiben
und die Nacht im Prater bleiben.
Morgen geh'n wir heim zu Mutter,
kaufen uns ein Bild von Hutter . . .
oder so ähnlich; der weitere Text ist mir leider entfallen."

D. Meix: „Kein Wunder nach so vielen Jahren. Und wie ging's weiter dichterisch?"

M. Deix: „Nun, ich habe in der Folge unzählige Vierzeiler und G'stanzeln verfaßt, Aphorismen, Abzähl- und Schüttelreime und weiß der Kuckuck, was noch alles."

D. Meix: „Um ein Gedicht muß ich Sie im Namen Ihrer Fans aber doch noch bitten, nämlich um den berührenden . . ."

M. Deix: „. . . Brief an die Mutter? Das habe ich mir fast gedacht. Also gut, wenn's unbedingt sein muß:

Liebe Mutter!
Grüß Gott! Ich bin's, Dein Sohnemann –
Dein Kind, das so gut zeichnen kann.
Wollte fragen, wie's Dir geht,
wie's um die Finanzen steht,
ob Du rüstig und gesund –
ob mager Du, ob kugelrund,
ob meine Zeugung du bereust
und ob Du Dich auf Weihnacht freust;
ob meine Brüder brav und tüchtig,
ob Onkel Hans noch immer süchtig –
kurz: wie's der Familie geht
und ob Ihr nach dem Rechten seht.
Gibt's was Neues von Papa?
Lebt er noch in USA?
Frönt er noch dem Spiel und Trunk?
(Ich erfuhr's aus Film und Funk.)

Ständig hinter Frauen her?
Bedroht sie mit dem Schießgewehr?
Das freut mich, und es macht mich stolz –
bin ja aus demselben Holz.
Nun gut, das waren meine Fragen,
doch wollt' ich Dir noch etwas sagen:
Ich hab' 'nen Hausarzt, Dr. Schwepps.
Er sagt, ich hätte Nasenkrebs.
Nimm's Dir nicht zu sehr zu Herzen,
es würd' mich in der Seele schmerzen.
Ich schließe jetzt und hoffe sehr
auf einen regen Briefverkehr.
Ich grüße Dich – und mach es gut!

Dein Sohn (Dein eigen Fleisch und Blut)

P. S.: Muttermal und Mutterwitz
sind mein teuerster Besitz."

D. Meix: „Das ist Dichtkunst von echtem Schrot und Korn, ein literarisches Bravourstück sozusagen. Kompliment, Herr Deix!"

M. Deix: „Sie machen mich fast verlegen, junger Mann. Darauf stoßen wir an!"

Manfred Deix schnippt mit dem Finger, und schon huschen zwei Tangamädchen mit den gewünschten Getränken herbei. Wir trinken und reden über seine Zukunftspläne, Projekte und Ausstellungen. Deix erweist sich wieder einmal als fesselnder Erzähler und großzügiger Gastgeber. Erst als uns einige Telefonanrufe aus Amerika unterbrechen, sehe ich auf die Uhr und merke, daß es bereits lange nach Mitternacht ist. Es wird Zeit für mich.

Ich bedanke mich für das ausführliche Gespräch, für die üppige Bewirtung und vor allem für das Du-Wort, das er mir im Lauf des Abends förmlich aufgedrängt hat. Trotz meiner Lodenjacke fühle ich die Kälte der Oktobernacht, als ich mich vom Künstler verabschiede. Vier schweigende Leibwächter geleiten mich durch den Garten, linkerhand das schmucke Gärtnerhäuschen, aus dem das Stöhnen der Gärtnerin dringt, vorbei an den im Mondlicht matt schimmernden Karossen, den Rest des Kiesweges entlang Richtung Straße. Knapp vor dem schmiedeeisernen Gittertor höre ich wieder jenes leise Summen der Videokamera, das mich Stunden vorher noch zu irritieren vermochte. Ich bin schon fast am Tor, als ich leise Musik vernehme. Ich drehe mich kurz um und sehe Deix auf dem Balkon vor dem hellerleuchteten Atelier stehen, ein Glas in der Rechten. Er nippt langsam daran und winkt fast müde zu mir herunter. „Grüßen Sie mir Ihre Gemahlin", höre ich seine Stimme, die auf einmal merkwürdig brüchig klingt. Das elektronisch gesteuerte riesige Tor öffnet sich lautlos. Von der Straße her blicke ich noch einmal Richtung Balkon. Deix steht immer noch dort und blickt mir nach. Er wirkt nachdenklich, ernst und unendlich müde.

Aber vielleicht täusche ich mich auch nur, jetzt, knapp vor drei Uhr morgens, stockbetrunken, wie ich bin.

BIOGRAPHIE

1949 geboren am 22. Februar in St. Pölten, Niederösterreich
1960 erscheint in der „Niederösterreichischen Kirchenzeitung" eine wöchentliche Comic-Strip-Serie mit dem Titel „Unter der Sonne Afrikas"
1960–1965 Realgymnasium St. Pölten
1963 Beginn einer fast krankhaften Leidenschaft für die kalifornische Popgruppe „The Beach Boys"
1965 Eintritt in die Höhere Graphische Lehr- und Versuchsanstalt gemeinsam mit Gottfried Helnwein und Josef Bramer
1966 Schlagzeuger der (miserablen) Band „Top Secret" in Böheimkirchen, NÖ
1968 Hinauswurf aus der „Graphischen". Inskription an der Akademie der bildenden Künste, Wien
1970 Übersiedlung mit Freundin Marietta nach Wien, Aufnahme zweier Katzen in den Haushalt
1972 erste Veröffentlichungen in den Magazinen „profil", „trend", „economy"
1973 Zeichnungen für alle möglichen Zeitungen und Zeitschriften („das da", „konkret", „Furche", „Neue Freie Presse" usw.), div. Ausstellungsbeteiligungen
1975 nach 14 Semestern Abbruch des Kunststudiums ohne Diplom, vermehrte Mitarbeit bei Zeitungen
1977 Titelblätter und Zeichnungen für „Stern", „Spiegel", „pardon", „Playboy", „profil" usw.
1978 erste Reise nach Kalifornien und Mexiko inklusive Notlandung in Los Angeles
1979 ständige freie Mitarbeit bei „profil" als Cartoonist, Illustrator und Titelblattzeichner
1980 erscheint das 1. Buch: „Cartoons von Manfred Deix" im trend-Verlag, Wien
1982 Plakatserie „CASABLANCA" für Austria Tabak
1983 erscheint das 2. Buch: „Cartoons de luxe" im Orac-Verlag, Wien
1984 Liebesheirat in Las Vegas, Nevada
1984 persönlicher Kontakt mit den „Beach Boys" in Los Angeles
1985 TV-Porträt für die ORF-Serie „Ohne Maulkorb"
1985 ORF-Porträt „The Beach Boys", kommentiert von Manfred Deix
1985 erste persönliche Kontakte mit den deutschen Satirezeichnern von „pardon" und „Titanic" Hans Traxler, Chlodwig Poth, F. K. Waechter, F. W. Bernstein und Robert Gernhard
1985 erscheint das 3. Buch: „Satiren aus Wien" bei zweitausendeins/Hamburg, herausgegeben von Hans Traxler
1986 Ausstellung in Berlin, Galerie am Chamissoplatz
1986 Katzenbestand: 39 Stück
1986 erscheint das 4. Buch: „DEIX – Mein Tagebuch" im Jugend und Volk-Verlag, Wien.

Der größte Teil der in diesem Buch wiedergegebenen Cartoons wurde erstmalig in den Jahren 1983–1986 in den Zeitschriften „profil", „trend", „Wiener", „Tempo", „Diners Club Magazine" und „Harakiri" veröffentlicht.